不知历史者，无以图未来

中国古代历史名人

反腐名臣
陈廷敬

寒江独钓◎著

中国铁道出版社有限公司
CHINA RAILWAY PUBLISHING HOUSE CO., LTD.

图书在版编目（CIP）数据

反腐名臣——陈廷敬 / 寒江独钓著 . —北京：中国铁道
出版社，2019.4（2022.1重印）
ISBN 978-7-113-25138-3

Ⅰ．①反… Ⅱ．①寒… Ⅲ．①陈廷敬（1638-1712）－传记
Ⅳ．① K827=49

中国版本图书馆 CIP 数据核字（2018）第 259053 号

书　　名：**反腐名臣：陈廷敬**

作　　者：寒江独钓　著

责任编辑：乔建华　　　　　　　　电　　话：（010）51873005

装帧设计：天下装帧设计　　　　　电子信箱：liujw0827@163.com

责任印制：赵星辰

出版发行：中国铁道出版社有限公司（北京市西城区右安门西街8号 邮编100054）

印　　刷：永清县晔盛亚胶印有限公司

版　　次：2019年4月第1版　2022年1月第2次印刷

开　　本：710mm×1000mm　1/16　印张：13.25　插页：1　字数：200 千

书　　号：ISBN 978-7-113-25138-3

定　　价：45.00元

序

　　陈廷敬，原名陈敬，生于明思宗崇祯十一年（1638 年），逝于清圣祖康熙五十一年（1712 年）。其先祖自河南逃难到山西，后在阳城县中道庄（今皇城村）定居，以耕读传家，家风淳朴，家教甚严，因此，他自幼便受到了良好的教育。

　　陈廷敬出生时正值明末清初新旧王朝交替之际，社会动荡不可避免地影响到他以及他的家族。普通百姓只能适应改朝换代这个事实，而陈氏家族却很快融入了这个变革的大潮当中，成为积极谋求上进的"大清顺民"。顺治十五年（1658 年），二十一岁的陈廷敬中了进士。随后因为同科进士中有两个人都叫陈敬，便奏请顺治皇帝改名，顺治皇帝便赐其名为陈廷敬，从此声名鹊起。

　　陈廷敬进入仕途后，职位一路高升，累计升职二十八次，几乎中枢机关的各个要害部门均历练过。因此，当时有人笑言：做官的人不用拜佛，应该多拜拜陈廷敬。因为他一生都在升官，而且红运当头，一生都有贵人提携。

　　康熙在位六十一年，陈廷敬辅佐他长达半个多世纪，因此他被康熙恭恭敬敬地称为"老大人""极齐全底人"。除鳌拜，平三藩，大败噶尔丹……这些大事都有他的参与。此外，陈廷敬洁身自好，廉洁奉公，从不拉帮结派，不参与明珠和索额图之间的争斗，还要提防徐乾学、高士奇的排挤。在太子存废的问题上，他黯然神伤，看透了官场，看懂了人性，明白了"伴君如伴虎"的游戏规则，此后一心一意地辅佐康熙。

陈廷敬一生清廉自律，甘于清贫，虽贵为高官，却衣衫粗布，饮食无珍蔬膏粱，常以"我自长贫甘半饱"而自励，被他的门人称为"半饱居士"。他提倡廉政，对一切腐败现象深恶痛绝，为此他大力推行反腐，惩办贪污腐败的官吏，令康熙朝的吏治在很长一段时间内都清明似水；他主持吏部工作期间，从提高官员素质、考察德政着手，大力提拔优秀人才；他重视教育，蠲免钱粮赋税，倡导节俭，整顿官风，并用经济手段打击经济犯罪。

同僚似狼，君王如虎，太子如蛇，陈廷敬却一身正气，终修成正果，扬名青史，为康熙盛世做出了极大贡献。

值得一提的是，清朝实行致仕（退休）制度，所有官员都不得享受终身制，然而陈廷敬却是个例外，他年逾古稀，多次申请致仕，但康熙一直不准奏，致使他最终病死在工作岗位上。陈廷敬死后，康熙给其极高的荣誉，用现在的话说，名分、葬礼规格、丧葬费等，都是史无前例的。

陈廷敬以其精湛的学识、高尚的人品、雷厉风行的反贪作风以及超强的执行力赢得了康熙毕生的信任和倚重。他的治国理念和反腐措施，即使在今天看来，依然是值得学习和称道的！

陈廷敬大事年表

陈廷敬，字子端，别字樊川，号说岩、悦岩、月岩、午亭、半饱居士、午亭山人。原籍山西泽州。陈廷敬原名陈敬。顺治十五年（1676年）中进士，入庶吉馆学习。因同榜有同名同姓者，便奏请顺治赐名，顺治允准，欣然加"廷"字，遂更名为"廷敬"，此后，陈廷敬名垂青史。

明崇祯十一年（1638年）十一月二十七日，陈廷敬生于山西阳城县郭峪里中道庄。

崇祯十三年至十五年（1640—1642年），陈廷敬3～5岁，其母张氏口授《毛诗》及《四书》，为其发蒙。

崇祯十六年（1643年），陈廷敬6岁，跟随私塾先生读书，深得先生称赞。

崇祯十七年（清顺治元年，1644年），陈廷敬读薛瑄《读书录》，心向慕之，开始了理学基础的学习。

顺治三年（1646年），陈廷敬9岁，在一次家庭宴请中，作《咏牡丹》诗，其"万物皆春"的胸怀震惊众人。

顺治四年（1647年），塾师王先生以才学粗浅辞去先生一职，自此陈廷敬从堂兄陈元及父修习。

顺治五年至七年（1648—1650年），陈廷敬在家中继续从父及堂兄修习。

顺治八年（1651年），陈廷敬14岁，首次参加童子试便顺利晋级，随后入潞安府府学。同年，陈廷敬娶妻王氏。

顺治九年至十年（1652—1653年），陈廷敬在府学深造，准备乡试。

顺治十一年（1654年），17岁的陈廷敬赴省乡试，出师不利，没有被录取。

顺治十二年（1655年），18岁的陈廷敬在府学修业，继续准备乡试。

顺治十三年（1656年），陈廷敬的长子陈谦吉出生。

顺治十四年（1657年），20岁的陈廷敬再次参加乡试，中举人。

顺治十五年（1658年），陈廷敬参加会试，中三甲进士，被选为庶吉士入馆学习。

顺治十六年（1659年），陈廷敬在庶吉士馆进修，系统地学习满文。因饱受同名烦扰，奏请顺治改名，奉旨加"廷"字，以与顺天通州陈敬区别。

顺治十七年（1660年），23岁的陈廷敬在庶吉士馆深造，颇得顺治赞赏。

顺治十八年（1661年）正月初九，24岁的陈廷敬以庶吉士身份参加了康熙继位大典。三月，因优异的成绩和组织能力充会试同考官。五月，庶吉士毕业，被授内秘书院检讨一职。

康熙元年（1662年），25岁的陈廷敬因病请假回原籍。此年前后，陈廷敬第一部诗集《参野诗选》五卷，刻版刊行。

康熙二年至三年（1663—1664年），陈廷敬在泽州家乡父母身边尽孝道。这一期间，他认真研读薛瑄理学，畅游故乡山水，赴洛阳等地旅游，著有《午亭诗二十首》等。

康熙四年（1665年），28岁的陈廷敬假满还京，依大清律例补授内秘书院检讨原官。

康熙五年（1666年），29岁的陈廷敬任内秘书院检讨，工作成绩引人注目。

康熙六年（1667年），30岁的陈廷敬有幸参与康熙亲政大典，并被任命为《世祖实录》纂修官，与王士祯等人结为文社。

康熙七年（1668年），陈廷敬继续参与纂修《世祖实录》，顶住鳌拜势力的压力坚持以实录入顺治的功绩。

康熙八年（1669年），32岁的陈廷敬首次迎来擢升，任国子监司业、内弘文院侍读。内阁中书汪懋麟赞陈廷敬："制诰还三代，辞华继两京。"

康熙九年（1670年），33岁的陈廷敬任国子监司业。期间，大力进行教学改革，严查贪污腐化，提振教育风气，同年迁内弘文院侍读，授奉政大夫。

康熙十年（1671年），34岁的陈廷敬改翰林院侍讲，转侍读，升侍讲学士。同年，《八家诗选》刊行，收陈廷敬诗214首；《百名家诗选》刊行，收陈廷敬诗69首。

康熙十一年(1672年)，35岁的陈廷敬任侍讲学士、日讲起居注官。次子豫朋出生。

康熙十二年（1673年），36岁的陈廷敬转任翰林院侍读学士，充武会试副考官、武殿试读卷官，为国家选拔文武双全的军事人才。

康熙十三年（1674年），37岁的陈廷敬任日讲起居注官，翰林院侍读学士。

康熙十四年（1675年），38岁的陈廷敬仍为翰林院侍读学士、日讲起居注官；升詹事府詹事，移居宣武门东街；作《晋国》《赠孝感相公》《同湘北送贻上东归》等诗，撰《祭少师卫公文》。

康熙十五年（1676年）正月，授通议大夫。九月，陈廷敬升内阁学士兼礼部侍郎，充经筵讲官；奉使祭告北镇，把途中所作诗编为《北镇集》。

康熙十六年（1677年），40岁的陈廷敬入翰林院掌院学士兼礼部侍郎，教习庶吉士；任经筵讲官、日讲起居注官；充《太宗文皇帝实录》副总裁官；历年给康熙进讲文史经典，多蒙奖谕赏赐。

康熙十七年（1678年），陈廷敬仍任经筵讲官、日讲起居注官、翰林院掌院学士兼礼部侍郎，教习庶吉士。是年，入值南书房；充纂修《皇舆表》总裁官、纂修《太宗实录》副总裁；荐王士禛、汪琬；秋季，母张氏卒，康熙派大员探望慰问。

康熙十八年（1679年），陈廷敬回籍葬母，丁忧守制，上《谕祭谢恩疏》。

康熙十九年（1680年），陈廷敬继续在籍守制。作《陟屺楼诗》《陟屺楼记》《百鹤阡记》悼母；拜会高平学者毕振姬，为其书作序；致书刘提学，主张力革考试陋规。

康熙二十年（1681年），44岁的陈廷敬丁十月下旬返京师，官复原职，仍任经筵日讲官，起居注官，翰林院掌院学士兼礼部侍郎；上《尊例自陈疏》；恩封通议大夫。

康熙二十一年（1682年），陈廷敬任经筵讲官、起居注官、翰林院掌院学士兼礼部侍郎，充会试副考官，补任撰修《明史》总裁，任撰修《三朝圣训》副总裁官；三子壮履出生。

康熙二十二年（1683年），46岁的陈廷敬仍任经筵讲官、起居注官、翰林院掌院学士兼礼部侍郎，升礼部右侍郎。

康熙二十三年(1684年)，陈廷敬仍兼经筵讲官、翰林院学士；特命督理户部钱法；升都察院左都御史，管京省钱法；诰封资政大夫。

康熙二十四年（1685年），陈廷敬任经筵讲官、都察院左都御史，仍管理京省钱法；充纂修《政治典训》总裁官；为高士奇撰《左国颖序》。

康熙二十五年（1686年），陈廷敬仍为经筵讲官、都察院左都御史，迁工部尚书；充《三朝圣训》《政治典训》《平定三逆方略》《皇舆表》《一统志》《明史》总裁官；与徐乾学专理修书馆务；《鉴古辑览》一百卷成书，陈廷敬上表。

康熙二十六年（1687年），50岁的陈廷敬调任户部尚书，又调任吏部尚书；仍为经筵讲官，侍值南书房，管理修书总裁事务；亲家张汧贪腐案被参奏，受到牵连。

康熙二十七年（1688 年），陈廷敬仍任吏部尚书，管理修书总裁事务；五月，因为张汧贪腐案，上书恳请归养老父，诏许解任，乃命照旧管理修书总裁事务；康熙谕：张汧案不得蔓延，以免牵累众人；撰《于成龙传》《杜律诗话》等；泽州旱，父陈昌期发藏粟贷民，悉焚贷卷，震动朝野。

康熙二十八年（1689 年），陈廷敬仍管理修书总裁事务；九月上，高士奇上疏弹劾徐乾学，康熙深知徐乾学、高士奇招摇多事，便把徐、高二人一块儿赶出了京城，此后对陈廷敬更加信任和倚重。

康熙二十九年（1690 年），陈廷敬再任都察院左都御史，充经筵讲官，兼管修书事；复任工部尚书；充纂修《三朝国史》副总裁；次子陈豫朋中举；《皇清诗选》收入陈廷敬诗作。

康熙三十年（1691 年），陈廷敬仍任工部尚书；二月任会试正考官，撰《辛未会试录序》；六月，调任刑部尚书；读《汉书》《后汉书》《三国志》，评历史人物，以史为鉴，多有灼见；撰《刑部堂谕》《汉高帝得天下之正论》及《汪琬墓志铭》等。

康熙三十一年（1692 年），55 岁的陈廷敬任经筵讲官、刑部尚书；八月，父陈昌期卒，回籍守制；特授光禄大夫。

康熙三十二年（1693 年），陈廷敬在籍守制。

康熙三十三年（1694 年），陈廷敬在籍守制；返京后改任户部尚书；重修《陈氏族谱》；次子陈豫朋中进士，选为庶吉士。

康熙三十四年（1695 年），陈廷敬继续任户部尚书。

康熙三十五年（1696 年），陈廷敬仍任户部尚书，撰贺《北征大捷作诗二十首》等。

康熙三十六年（1697 年），60 岁的陈廷敬仍掌户部；九月，又充经筵讲官；仍任纂修《明史》总裁官；特授光禄大夫；第三子壮履中进士，选庶吉士。

康熙三十七年（1698 年），陈廷敬任户部尚书，经筵讲官；在内廷侍值；仍任纂修《明史》总裁官，又任纂修《平定朔漠方略》总裁。

康熙三十八年（1699 年），陈廷敬仍任经筵讲官、户部尚书，纂修《明史》总裁官，纂修《平定朔漠方略》总裁官；调任吏部尚书；康熙南巡，陈廷敬撰《南巡歌十二章》等。

康熙三十九年（1700 年），陈廷敬任经筵讲官、吏部尚书，侍值南书房；仍为纂修《明史》总裁官、纂修《平定朔漠方略》总裁官。

康熙四十年（1701 年），陈廷敬仍任经筵讲官、吏部尚书，纂修《明史》《平定朔漠方略》总裁官。

康熙四十一年（1702 年），65 岁的陈廷敬仍为经筵讲官、吏部尚书，纂修《明史》及《平定朔漠方略》总裁官，并任南书房侍值总督；《午亭集》成书；曹序称陈廷敬为当代之苏轼。

康熙四十二年（1703 年），陈廷敬仍任经筵讲官、吏部尚书、南书房侍值总督，纂修《明史》及《平定朔漠方略》总裁官；充会试正考官，撰《癸未会试录序》；升任文渊阁大学士；受命祭孔；康熙五十岁寿辰，上《恭进圣德万寿诗表》《圣德万寿诗》；修葺故里宅第中道庄。

康熙四十三年（1704 年），陈廷敬仍任文渊阁大学士兼吏部尚书、经筵讲官、南书房侍值总督，《明史》《平定朔漠方略》纂修总裁官；受命祭孔。

康熙四十四年（1705 年），陈廷敬任文渊阁大学士兼吏部尚书、经筵讲官、南书房侍值总督，纂修《明史》及《平定朔漠方略》总裁官，纂修《佩文韵府》汇阅官；扈从南巡；康熙赐诗，以房玄龄、姚崇、李白、杜甫比拟陈廷敬。

康熙四十五年（1706 年），陈廷敬为文渊阁大学士兼吏部尚书、经筵讲官、南书房侍值总督，纂修《明史》及《平定朔漠方略》总裁官，《佩文韵府》汇阅官；任纂修《玉牒》副总裁；参与编录《咏物诗选》，康熙作序；受命祭孔。

康熙四十六年（1707 年），70 岁的陈廷敬仍任文渊阁大学士兼吏部尚书、经筵讲官，纂修《明史》及《平定朔漠方略》总裁官，纂修《玉牒》副总裁，纂修《佩文韵府》汇阅官、南书房侍值总督；第二次扈从康熙南巡；大学士张玉书、李光地等为陈廷敬写祝寿诗文。

康熙四十七年（1708 年），71 岁的陈廷敬仍任文渊阁大学士兼吏部尚书、经筵讲官、南书房侍值总督，纂修《明史》总裁官，纂修《玉牒》副总裁；《平定朔漠方略》成书，陈廷敬等上《进方略表》；奏请致仕，未准；《午亭文编》编就，命门人林佶作序；撰《百鹤阡表》等诗文。

康熙四十八年（1709 年），72 岁的陈廷敬仍任文渊阁大学士兼吏部尚书、经筵讲官、南书房侍值总督，纂修《明史》总裁官、纂修《玉牒》副总裁；受命祭孔。

康熙四十九年（1710 年），73 岁的陈廷敬仍任文渊阁大学士兼吏部尚书、经筵讲官、南书房侍值总督，纂修《明史》总裁官，纂修《玉牒》副总裁；奉旨编纂《康熙字典》；十一月，致仕；康熙面谕陈廷敬为"极齐全底人"；受命祭孔。

康熙五十年（1711 年），74 岁的陈廷敬继续编纂《康熙字典》；五月，再入阁任大学士；康熙赐书"午亭山村"及匾联。

康熙五十一年（1712 年），75 岁的陈廷敬任大学士、南书房总督，编纂《康熙字典》总阅官；四月十九日病故；康熙有御制祭文及挽诗，并遣皇子代祭；赐治丧银一千两及棺木，遣官护灵回籍。

书中涉及主要官职注释

太子：储君称谓，也就是未来的皇帝。

清代宗室爵位：分别为亲王、郡王、贝勒、贝子、公、将军。

铁帽子王：对清代世袭罔替的王爵的俗称，清代共有十二家铁帽子王。

左、右丞相：百官之长，有两人时，分为左右丞相，以左为上；本书中左、右丞相为农民军自设的官职，明朝朱元璋时期就彻底废除了丞相一职。

吏部尚书：掌管全国官吏的任免、考课、升降、调动、封勋等事务，是吏部的最高级别的长官，为六部尚书之首；相当于现在的组织部部长。

户部尚书：户部的最高级别的长官，主要掌管国家经济，包括户口、税收、统筹国家经费等；相当于现在的财政部长。

兵部尚书：别称大司马，统管全国军事的行政长官，明代为正二品，清代为从一品；相当于现在主持中央军委日常工作的军委副主席兼国防部长。

刑部尚书：清代掌管全国司法和刑狱的大臣，从一品，是公检法司四权合一的职务。

工部尚书：工部最高级别的长官，正二品，相当于现在的住房和城乡建设部部长。

工部侍郎：工部侍郎为工部的副长官，从二品，相当于现在的住房和城乡建设部副部长。

礼部侍郎：即礼部副长官，从二品；礼部为专管朝廷坛庙、陵寝之礼乐及制造典守事宜，并掌修明礼乐、更定章制的机关。

领侍卫内大臣：负责皇帝禁卫，正一品。

内务府总管：内务府的主官，正二品；内务府即清朝管理皇家大小事务的总机构，功能职务为管理出纳、财务收支、祭祀礼仪等。

詹事：即给事、执事，掌太子家中之事。

大学士：为辅助皇帝的高级秘书官，又称内阁大学士、殿阁大学士等，也有协办大学士，明清时流行"中堂"一称，一般是指大学士或首辅大学士。

翰林院掌院学士：从二品，下设侍读学士、侍讲学士、修撰、编修、检讨等职，以及典簿等辅佐之官职。

侍读学士：从四品，主要配置于内阁或翰林院，任务为文史修撰，编修与检讨，其上为掌院学士。

侍讲学士：从四品，主要配置于内阁或翰林院，辖下有典簿、侍诏等，主要任务为文史修撰、编修与检讨。

翰林院侍读学士：从五品，文职京官，为皇帝及太子讲读经史、备顾问应对。

御史：负责记录的史官、秘书官，负责监察朝廷、官吏的言行，一直延续到清朝末年。

总裁官：掌修国史的主要负责人，意为"汇总裁决其事"。

理藩院：清朝统治蒙古、回部及西藏等少数民族的最高权力机构，也负责处理对俄罗斯的外交事务。

御医：宫中为皇帝及身份尊贵的妃子及皇族人治病的医生。

总督：清朝时对统辖一省或数省行政、经济及军事的长官称为"总督"，尊称为"督宪""制台"等，官阶为正二品，但可通过兼兵部尚书衔高配至从一品。

提督：为清朝各省绿营最高主管官，称得上封疆大吏，负责统辖一省陆路或水路官兵。

护军参领：清代八旗兵护军营军事职官名称，分正、副两级，正参领正三品，副参领正四品。

都统、副都统：清代驻扎于各地的"驻防八旗"之长官称都统、副都统。

步军统领：全称为"提督九门步军巡捕五营统领"，指挥京师卫戍部队，负责京城守卫、稽查、门禁、巡夜、禁令、保甲、缉捕、审理案件、监禁人犯、发信号炮等要职。

总兵：明初，镇守边区的统兵官有总兵和副总兵，无品级，遇有战事，总兵佩将印出战，事毕缴还，后渐成常驻武官。

把总：明代及清代前中期陆军基层军官名，也可称为百总。

巡按：又称按台，代表皇帝巡视地方，各省及府、州、县行政长官皆是其考察对象，专门负责监察，一般不理其他事务，权力极大。

巡抚：清代地方军政大员官职，又称抚台，主管一省军政、民政。

左参政：明代清初布政使的下属官员；布政使掌管一省的政务，参政、参议分守各道，并分管粮储、屯田、军务、驿传、水利、抚名等事，从三品。

知府：负责一府的政令，总领各属县，凡宣布国家政令、治理百姓、审决讼案、稽查奸宄、考核属吏、征收赋税等一切政务皆为其职责；相当于现今地级市的市长。

知县：管理全县的行政，有的还兼管军事，多是七品。

目录

第一章　文化世家

陈氏祖先为了活命，从河南逃荒到山西，并在山西站稳脚跟，开枝散叶。为了改变家族命运，数代人刻苦攻读，并对考取功名、入朝为官孜孜以求。为了庇佑族人的安全，他们修筑了坚不可摧的防御堡垒，为陈氏一族迅猛崛起奠定了基础……

明末乱象

崇祯元年（1628年），中国北方大旱，赤地千里，寸草不生，百姓流离失所，苦不堪言。《汉南续修郡志》记载："崇祯元年，全陕天赤如血。五年大饥，六年大水，七年秋蝗、大饥，八年九月西乡旱，略阳水涝，民舍全没。九年旱蝗，十年秋禾全无，十一年夏飞蝗蔽天……"

不知道源于何种异常天象或者自然灾害，崇祯王朝一开始，北方的陕西、山西、河南、山东等多个省份便连年灾害不断，河流湖泊干涸，粮食大幅度减产，甚至颗粒无收。老百姓被迫远走他乡，靠讨饭活命。即使是土豪富户也面临着沉重的生活压力。为了减少开支，朝廷和地方政府纷纷裁减冗员，精简机构。

崇祯元年夏季，陕西地方政府正式议裁陕北驿站，导致驿站兵士李自成（李鸿基）永久性地失业了。沦为"流民"的李自成后来因为杀害向自己逼债的债主和与他人通奸的妻子而逃亡西部边塞，最终遁入甘肃的一支军队并为之效力。因为他勇猛且有谋略，很快便被提拔为把总，

成为军队中一名基层指挥官，为他以后发动"兵变"继而走上农民起义的道路埋下伏笔。

崇祯三年（1630年），大旱继续肆虐，陕西巡按马懋才在《备陈大饥疏》记载，百姓争食山中的蓬草；蓬草吃完，便剥树皮吃；树皮吃完，只能吃观音土（即白泥巴，是一种黏土矿物），最后腹胀而死。

崇祯六年（1633年），大旱蔓延到河南。家住河南的前兵部尚书吕维祺上书朝廷："盖数年来，臣乡无岁不苦荒，无月不苦兵，无日不苦挽输。庚午（崇祯三年）旱；辛未旱；壬申大旱。野无青草，十室九空……村无吠犬，尚敲催征之门；树有啼鹃，尽洒鞭扑之血。黄埃赤地，乡乡几断人烟；白骨青磷，夜夜似闻鬼哭。欲使穷民之不化为盗，不可得也。"

崇祯七年、八年、九年……依然是国运不济。新帝继位，却异象频生，而且关外的女真族又虎视眈眈，数次与明军大战，妄图闯入山海关。于是，民间开始传闻，大明王朝要完了！

崇祯是个勤政的皇帝。据史书记载，他二十多岁头发已白，眼角长鱼尾纹，可以说是宵衣旰食，夕惕朝乾。史志称其"鸡鸣而起，夜分不寐，往往焦劳成疾，宫中从无宴乐之事"。可即便如此，他继位后还是天灾不断。他接连下了好几道罪己诏书，向苍天祈祷，可是无济于事。天灾不断，人祸又起，"人相食，草木俱尽，土寇并起"，这些饥民为了生存揭竿而起，渐渐形成大大小小的军事势力。此外，在白山黑水之地，又有女真族的强悍力量期待入主中原，多年来大小战斗无法计数，让崇祯夜不能寐。为了抵抗后金，朝廷征收重税，苛捐杂税层出不穷，民不聊生，而明末的众多农民起义也正是其聚敛苛政引发的最严重的后果。

崇祯的性格相当复杂，在除魏忠贤时，崇祯表现得极为睿智，虽然只有十六岁，手段却十分高明，仅用四个月就把魏忠贤一派势力干净利落地连根拔除。尽管崇祯志向远大、励精图治、废寝忘食、事必躬亲，但他既无治国之谋，又无任人之术，加上他严苛、猜忌、多疑，对大臣们动辄怒斥、问罪、砍头、凌迟，其残忍和冷酷与魏忠贤相比，有过之而无不及。

崇祯继位之初曾在文官集团的帮助下诛灭魏忠贤阉党，导致他对武将的不信任，间接地推动了文官集团的权力膨胀。文官掌权的恶果很快显见，在对待国家劲敌——后金的问题上，始终不敢兵戈相见。最后，朝廷重臣分成主战、主和两派。

崇祯先是起用了主战派袁崇焕，因为轻信文官的言辞，中了离间计，最终又杀了袁崇焕。从那以后，崇祯不再相信文武百官，他频繁地调整官吏，其在位十七年间竟然换了十七个刑部尚书和五十个内阁大学士。这就导致许多文官武将心灰意冷，辞归故里或者称病不朝，造成国家人才匮乏，有心报国的志士既不肯也不敢请缨效命。曾经强盛的明朝风雨飘摇，国难当头，整个明朝却难寻能用之人，也难寻可用之人。无奈之下，崇祯只好培植私人势力，重新起用大批更加腐朽无能的太监，最终导致"十万太监亡大明"的历史悲剧。

实际上，在民间，许多能人志士隐没在田野山林，过着日出而作、日落而息的生活。有着"表里山河"称谓的山西一直都有众多俊杰低调地生活在这里，他们不屑于为腐朽暴虐的明朝效力，只想安安稳稳地生活。这些人在明末不显山不露水，但在清朝却焕发出蓬勃的生机，不仅积极入世，造福一方，还兼济天下，为民请命。这说明，两个王朝的皇帝格局不同，用人理念也不同，带来的结果自然也不同。

崇祯十一年（1638年），明朝每况愈下，天灾不断，民怨沸腾，干戈四起，朝廷百官昏庸。就在这样一个乱世中，陈廷敬出生了！

逃离河南

山西阳城县中道庄（今皇城村），如今提起来已经声名显赫、名扬天下了，清朝赫赫有名的重臣、名臣、廉臣、贤臣，文渊阁大学士、《康熙字典》的主编、官场不倒翁、康熙皇帝嘴里的"老大人"陈廷敬就出生在这里。

陈廷敬生于明末清初，按照当时汉人不肯归顺清朝的常理，作为明朝遗民应该不屑于为清朝服务，可事实恰好相反，陈廷敬以及他的伯父

陈昌言均义无反顾地投入到清朝百废待兴的建国大业中，为自己也为家族迎来了政治机会。

这和陈氏家族在明末的一些境遇有关，他们对明朝早已心灰意冷，对腐败的朝廷也不再寄予希望，反而是新生的清朝热情地对他们伸出了橄榄枝。陈氏家族在地方上略有一点实力，不过却属于在政治上永远没有出头之日的一个群体，而新生政权的召唤却让他们燃起心中的希望，进而成为忠实信徒，这也让陈氏家族自陈廷敬开始有了一个辉煌的历史，其后家族出过九位进士，十位举人，秀才则更多，说其是文化巨族也毫不夸张。

如果从根上探源，陈廷敬的祖先其实并不是山西人，而是地地道道的河南人，其祖籍在河南彰德府临漳县。古时的彰德府就是现在的河南省安阳市，临漳县在明时划归彰德府管辖，后几经变迁，现在隶属于河北省邯郸市管辖。

资料显示，陈廷敬的老祖宗名叫陈仲名，从陈仲名往上推，世代都居住在临漳县，靠勤苦劳作繁衍生息。不过，关于陈仲名的资料几乎没有，只能从类似家谱的记载中得以知道他的名字。据《陈氏上世祖茔碑记》中记载：陈廷敬伯父陈昌言曾利用职权之便寻找到一本黄册，相当于今天的户口本，上面详细记载了皇城陈氏一世祖叫陈靠，二世祖为陈岩、陈林以及其他一些家族信息，由此才让陈氏家族有据可查。

俗话说，"树高千尺，叶落归根"。晚年的陈廷敬也曾追根溯源，派人到临漳多方考察其祖籍情况，遍访远代遗家，还亲自到临漳寻根祭祖，并且还修建了祠堂和行馆。不过，老祖宗陈仲名到底是临漳县何村人氏？由于时间久远，陈廷敬没有找到他的根，直到现在，陈廷敬祖上归于何处也没有得出确切结果。不过，他们是河南人的后代毋容置疑。

河南历来是兵家必争之地，兵过民哭；又因为黄河经常泛滥之故，陈氏先祖生活的并不幸福。永乐末年，河南连续两年遭遇旱灾，彰德府以及附近的数十个县都滴雨未下。旱灾继而导致粮荒，树叶、野菜，这些平时给牲畜吃的东西，现已成了饥民们难得的食物。当这些东西也都被吃光后，空气中开始弥漫某种死亡的气息，使人悚然。

为了活命，陈仲名不得不采取最有效的办法——逃荒。除了长子和他留守老家之外，次子和小儿子都要外出讨饭活命。山东人逃荒，闯关东的多；河南人逃荒，主要的方向就是山西和陕西。陈仲名为两个逃荒的儿子规划了一下路线，一个去山东，一个去山西。就这样，次子和小儿子都不得不携全家离开，踏上生死未知的逃荒路。

明永乐年间（1403—1424年）的最后几年，小儿子陈靠带着他的老婆和孩子辞别老父亲和大哥，一路讨饭为生，奔向"有粮有肉好活命"的山西省。也算是幸运，他们没有饿死或病死在路上，最后一家人安全渡过黄河，辗转来到泽州永义都天户里。

因为陈靠是带着老婆孩子由河南迁居至此的，于是他就成为陈氏在山西定居的始祖，被称为"一世祖"。此后，陈靠这一血脉便在此繁衍下来，而且陈仲名的血脉极有可能仅剩下陈靠这一支了。

落地生根

在好心人的指点下，陈靠一家人找到半坡沟南一处破败的窑洞住了下来。凭借河南人的憨厚和勤劳，陈靠一家人赢得了当地人的信任和同情，有人愿意雇他们放羊和耕田，以换取粮食活命。

在陈氏的祖祠里，以前曾经供奉着始祖陈靠的画像，画像上的陈靠手里拿着放羊的鞭子，穿着羊皮袄，这是山西牧羊人典型的衣着打扮。山西人牧羊是有特殊原因的，白天羊在野外吃草，晚上则在地里休息，这样羊粪就排泄在田地里，牧羊养田两不误。中国农民的天性都是一样的，都对土地格外亲，所以只要对农田耕种有利的事情，他们都会接受的。

陈靠有两个儿子。长子陈岩，次子陈林，两个儿子干活都不惜力，一家人的生活也逐渐好了起来。渐渐地，他们修葺了破窑洞，买了几分薄田，慢慢积累着家当。后来，陈靠为两个儿子都娶了门当户对的媳妇，自己也当上了祖父。

陈靠经常告诫两个儿子不要分家，不要像他似的，背井离乡，直到

生命尽头也没有能力回到彰德府老家看看亲人。不过由于他们是逃荒出来的，也不认识字，连最常见的家谱都没有能力编写，完全靠口耳相传祖上的丰功伟绩。日久天长，许多事情都被淡忘了，以致陈氏一族对自己的祖籍出处也模糊了。因此，陈靠一脉和他的河南老家留存的亲人也早早地失去了联系，称其"一世祖"并不为过。陈靠的后人应该感谢官府的户籍管理制度，因为涉及赋税和徭役，自然有地方政府的专业人士记录陈靠一家人的户籍情况，从而留下了其宝贵的记录。

陈靠去世后，他的妻子樊氏和两个儿子决定迁往更加富裕的地方生活。于是，他们又举家迁徙，大约于明宣德四年（1429 年）迁到了阳城县郭峪村偏东北的樊河对岸的小庄子定居下来。小庄子周围山峦起伏，沟壑纵横，分为中山、低山、丘陵和盆地等地貌单元。这里植被茂盛，风景优美，是个"风水宝地"。另外，此次泉水分布比较集中，涌水量大，河流均属黄河水系，其中，沁河最大，是黄河的主要支流之一。《陈世家谱》记载此地："山岭雄秀，泉水温凉，风气郁茂，实太行之中落。"也许是因为泉水纯净，富含矿物质，陈氏家族诞生的孩子都很聪明，无论是读书还是经商，都很有成就。

从这以后，陈廷敬的先祖便在这里定居下来，他们凭借多年积累下来的钱财置办房产和土地，安心地生活在这里。因为北面有一个沟底村（古名锦川），南面有郭峪村（古名锦阳），这个小庄子恰好坐落在两个村落的道路中间，所以取名为"中道庄"。陈廷敬向别人提起："中道庄者，上下皆村落，故以中道名。"后来曾经有学者将"中道庄"引申为"中庸之道"，这就有点牵强附会了，偏离了其本意，不符合陈氏先祖当初命名的初心。

陈岩和陈林兄弟俩果然没有分家，他们相互扶持，共同在中道庄开创了一片天地，这就逐渐产生了后来的陈氏家族。直到清康熙三十三年（1694 年）秋，陈靠的九世孙陈廷敬觉得有必要向后人交代家族本源，这才创修家谱，此时距离陈氏一脉迁居中道庄已经过去了 265 年了。陈靠留下的其他血缘支系早已纷落他处，音信渺茫，没有线索可查。所以，陈廷敬所修的《陈世家谱》主要记载了以他为本支的家族史料。

先祖遗风

入清后，陈廷敬的伯父陈昌言做了江南学政，才查清陈林以上先祖的名字。他说："余督学江南，得后湖所藏黄册而阅之，则永乐十年所造也。详溯宗派，知林祖有兄曰岩，上之而考讳靠，祖讳仲名，仲名祖拨入河南彰德府临漳县薄。……其详悉家乘不若也。"也就是说，直到陈氏第八代陈昌言查明了这一线索，陈氏先祖的历史才有了清晰的眉目。即便如此，陈靠的父亲陈仲名就无据可查了。

陈昌言曾写道："余家苦无乘，其远祖不可考，所可溯孝庙时有祖讳林者耳。"古人崇尚多子多福，因此开花散叶甚广，三四代下来就繁衍成一个大家族。如果绵延九代人，那人口数量和分布就难以计数和查明了。

陈靠的次子陈林是陈廷敬的直系宗祖，所以陈氏把陈林作为陈氏家族的二世祖。陈林娶妻郭氏，也生有二子，长子陈秀，次子陈武。

陈秀是陈氏家族的三世祖，是陈氏家族史上一个极其重要的人物。他是家族里的第一个读书人，从他开始，陈氏家族才有人识文断字。陈秀小时候便十分机敏，其父陈林便送他去私塾读书。私塾的收费很高，但是陈林毫不吝惜钱财，一心一意要培养出有学识的儿子。陈秀个性张扬，头脑灵活，却十分厌恶八股文，不喜欢考举，但是对学习却很用功，几年下来，他能诗善书，尤其擅长行草。虽然他一生都没有取得任何功名，但因为读书考试，还是谋到了陕西汉中府西乡县典史一职。这是一个不入流的基层小官，却是陈氏家族迈入仕途的一个里程碑，为后人出现高官显宦奠定了基础。

陈秀做了九年的典史，死于明弘治十四年（1501 年）七月初二。他留下的作品很少，却开了家族治文的先河。他写有《南宫一枝花》和《教子诗》流传于世，主要是表明自己要做官、做好官，子孙要忠厚忍让，勤读诗书等理念。陈秀对家族后人影响最大的就是《教子诗》，和所有品德高尚的长者一样，他告诫孩子们如何为人处事、待人接物、耕作放牧等，这些经验之谈就成为祖训，世代相传。陈秀是家族中实现读书入仕的第一人，是一个开天辟地的人物，所以，陈昌言说："肇造余

家，实权舆诸此。"

陈秀育有三个儿子，第三子陈琪是陈廷敬的四世祖。有了陈秀在前面引路，陈琪少小便秉承父亲的教诲，苦读诗书，攻举子业，也许是他父亲要求太严，或者责备过多，他压力很大，数次科考总是失利。陈琪自觉不是读书的材料，尽管陈秀督促甚严，他还是将注意力放在经营家业上。陈秀去世后，陈琪便彻底弃儒经商，直到终老。

陈琪也生有三个儿子，次子陈修就是陈廷敬的五世祖。陈修为人"刚毅缜密，谦恭孝友"，品德高尚，年轻时"有志于用世"。可惜，和他的父亲一样，陈修也中了考试的邪，屡考不中，便"退而为鼓铸（铸铁）业"。相反，陈修大伯家的儿子陈天佑却一鸣惊人，考中了举人，后又考中了进士，成为陈氏家族第一个进士，光宗耀祖。陈修屡次不中，又见堂兄出人头地，便将精力放在"家族企业"上，他是个善于治理家业的人。他主持家业的时候，家境更加充实富裕了，"拓田庐储蓄，视囊昔远过"，可称得上富甲一方的大户了。

陈修是个乐善好施的人，常常资助乡里，修桥铺路集资等都有他的身影。如果有借钱还不上的，他就主动烧毁借据，慷慨地免了对方的债务，"乡人以为岁星"，名声甚好。他虽然废学，却希望自己的孩子能像大伯家的孩子一样有出息，所以不敢放纵自己的孩子，"教诸子则严"，常常要儿子们以他的堂兄陈天佑为榜样，说："盍学汝伯父，汝父不足法也……"意思是说你们都向伯父学习，考上进士，光宗耀祖，别学你爹没什么大本事……这语气和我们现在望子成龙的家长何其相似，几百年来都不变的"励志"说辞。

陈修育有四个儿子，次子陈三乐为陈廷敬本支六世祖。陈三乐这一代依旧没能在读书上有所建树，几代人的期望又落空了。不过有了父辈积累的钱财，陈三乐衣食无忧，生活富足。他为人和善，善于料理家事，同时也喜欢做善事，常常周济他人，不求回报。遇到荒年，他便令全家减食接济饿者。也许是行善，上天眷顾陈三乐，他育有四个儿子一个女儿，长子陈经济便是陈廷敬的七世祖。

陈经济幼时便攻读举业，可是他又掉进了老一辈屡考不中的怪圈，终未能遂其心愿。于是，陈经济只好弃文经商，接管父亲的事业，走上了代父"综理家政"的道路，管理着家族里的农田和羊群，为家族创造丰厚的收益。陈三乐死后，执掌家族财政大权的陈经济没有独吞家产，而是把全部家产平均分给诸弟，"罔有私者"。孝友传家，大明朝的地方官吏还特意表扬了他的行为，陈经济成为乡里效仿的榜样。

明崇祯四年（1631年）四月十八日，大明内乱，各路起义军四处出击，明政府调集军队镇压。陕西延绥东路副总兵曹文诏奉命攻下了河曲县城，直逼起义军。此时王嘉胤率领的起义军积极南下，他们乘势攻入阳城南山。胜利的喜悦冲昏了头脑，他们大摆庆功宴。不料因为醉酒，王嘉胤被他的左丞相王国忠杀害。王国忠随后便带着王嘉胤的首级向曹文诏投降、请功，得到封赏。王国忠大军趁势猛攻起义军。

起义军败走之际，王嘉胤的右丞相王自用挺身而出，联络马守应、闯王高迎祥、八大王张献忠等三十六家起义军首领，召开盟主大会。王自用被推举为盟主，组成了既各自游击又协同作战的军事联盟。

此后，这些起义军四处出击，向明政府展开凌厉的攻势，同时为了扩军征粮，他们也对地方百姓开始骚扰。这一时期的起义军没有纪律可言，随性而为，打家劫舍的事情时常发生。

二十多万起义军在晋城地区横行的时候，陈经济已经故去，但是他的夫人范氏尚在。陈经济育有三个儿子，长子陈昌言、次子陈昌期、三子陈昌齐。这兄弟三人，是陈氏家族的第八世祖。从一世祖陈靠繁衍到现在，陈氏家族已经人丁兴旺，成为方圆百里十分有名望的富户巨族，房产占地甚广，良田甚多，肥羊成群。

陈廷敬谦虚地说："吾家自上世已来虽业儒，然本农家，衣食仅自给。"另外，在《陈氏家谱》中，陈廷敬也提到"耕稼三百载，风义桑梓前"，足以证明陈氏家族凭借农耕放牧积累了庞大的家业。家大业大，不愁吃喝，自然可以做许多事，比如读书。自从陈秀识字起，他的后裔便孜孜不倦地攻读举业，数代下来，早已是文化世家，堪称家学渊源，数代的积累，终于在陈昌言这一代实现了凤愿——考中举人。

也正是从陈昌言这一代开始，陈氏家族开始一步步构建他们被后世称为"皇城相府"的军事堡垒，其子弟也一步步走入清朝的治国安邦大业中。

河山为囿

乱兵纵横，危险时刻常在。陈昌言、陈昌期、陈昌齐兄弟三人十分担心家人的安全，他们所居的中道庄偏偏又无险可守，"僻处隅曲，户不满百，离城稍远，无险可恃，无人足守"。在陈昌言的带领下，经兄弟三人的商议，最后决定修建一座坚固的高楼自保。迫于紧急的形势，他们没敢把工程摊的太大，也没有详细的施工图纸，便在崇祯五年（1632 年）正月就匆匆地动工了。

这完全是一座以防御为主的军事堡垒，借鉴了当时军队里建造军事防御设施的经验。为了有效地防御，这个塔防占地面积只有三间房大小，长三丈四尺，宽二丈四尺，总共盖了七层，高有十余丈，犹如一个石笋拔地而起。这个塔防成为皇城相府中最高的建筑，站在楼顶，周边可以一览无余，如此高度与规模在明清建筑中极为少见，堪称惊世之作。

作为一座纯民用军事防御堡垒，它的设计非常科学，对会出现的危险都做了预案，整体防御功能极为周全。堡垒可同时容纳千余人避难。为了防止被云梯突破，堡垒三层以上才设有小小的窗户。进入堡垒的石门高悬于二层之上，必须通过吊桥才能与地面相通。堡垒楼顶建有垛口和堞楼，便于瞭望敌情；底层还深入地下，开辟有秘密地道通向远方的隐蔽处，便于转移逃生。为应备不时之需，堡垒内还备有水井、碾、磨等生活设施，可以储备大量粮食，以应付可能出现的长时间围困。整个工程耗费甚大，用掉石料三千块，砖三十万块，至于工匠费用、吃饭等都忽略不计，"为费颇奢"。在冷兵器时代，这样的一处堡垒几乎就相当于一座永久性工事，很难被攻破。

时年三十五岁的陈昌言是工程总指挥，招工、备料、施工进度等事基本都由他负责、调度，他的两个弟弟给他做助手，他的母亲还能帮助料理工匠的饮食，所以工程进展顺利。

到了七月，天气炎热，匠人疲惫，施工进度有些缓慢。可是兵戈渐近，也不得不抓紧早晚赶工。堡垒开始上梁的时候，乱兵和流寇不期而至，百姓慌作一团，前来求救。陈昌言兄弟二话不说，放下吊桥，庇佑乡邻。陈氏家族及附近村民八百余人来不及收拾财物就匆匆入楼避难。

七月十六日辰时，起义军从东北方向陆续而来，与散兵游勇一般，没什么组织纪律性。开始时，只有零星几个人出现，都拿着兵器，叫叫嚷嚷地让开门投降。陈氏兄弟置之不理。来人便在村子里找食物，吃吃喝喝。不一会儿，就闹哄哄地来了万余人，都穿着红衣服，放眼望去，从楼下蔓延到村外，满眼赤红，甚是骇人。

起义军派嗓门大的士兵前来劝降，陈昌言也不搭话。于是起义军威胁要攻城。

陈昌言冷静指挥，家丁们弓箭上弦，随时准备射箭。起义军没有攻城设备，攻了几次都有人员伤亡，觉得很难攻破堡垒，便把城堡团团围起来。然后在村里安营扎寨，埋锅造饭，村里的粮食和家畜都变成了起义军嘴里的食物。

第二天下午，有吃有喝的起义军依然不离去。陈昌言担心被长久围困，想请官兵前来剿匪，但需要到七十里外的州里去搬救兵才能解围。堡垒里虽然有八百余人，但是没有人愿意去送信，都唯唯诺诺，不作声。陈昌期见状，主动请缨出去搬救兵。

陈昌言一再叮嘱二弟注意安全。趁着夜色，陈昌期从墙上挽绳而出，慢慢滑落，离地还有三米的时候，却不慎失手坠落于地，昏迷不醒。幸好楼下的起义军士兵都睡着了，没有人发现。

陈昌言大惊，连忙让人下去营救，又许以银两相酬。最后一个勇敢的家丁冒死挽绳下楼搭救，将陈昌期系在绳子上救了上来。陈昌期昏迷了一天才苏醒，幸好没伤到五脏六腑。经历了此次事件，再也没有人敢出城楼送信，搬救兵一事便被搁置下来。

四天很快过去，这些起义军没什么计谋，他们又试探着攻了几次，依旧攻不下来，便有些气馁。起义军扬言要日夜封锁，让城楼内的人渴死，还要采取火攻。城楼内村民将井水从楼顶上和窗户中不断泼下，以显示城楼内有的是水，不惧围困。

起义军终于吃光了村子里的所有食物，知难而退，撤兵离去。此后，又有流寇先后三次进犯，依靠堡垒的庇佑而逃过兵灾的村民多达数千人次。

直到十一月，堡垒才全部竣工，陈昌言又指挥安放了弓箭、枪、铳、火药、石头等物，防御能力大大增强。堡垒完工之时，陈昌言做了一个离奇的梦，因感于梦中仙人告知的"河山为囿"之意，将堡垒命名为"河山楼"。

这个名字取得好，真是河山稳固，保佑陈氏子孙平安多福。更为难得的是，这样一座砖石高层建筑，历经近四百年的风雨沧桑，至今巍然屹立，雄踞一方，周边至今没有超越其高度的建筑，成为皇城相府一个标志性建筑，也成为陈氏家族的一个精神图腾，恰似中流砥柱，让陈氏家族在其后的百年间屹立不倒。

"河山楼"竣工之后，陈氏一族保得了平安，可是整个山西已经烽烟四起，随着泽州、阳城、沁水等地被起义军相继攻破，小小的中道庄如同海中孤舟，时刻都面临着覆顶之灾。在这一年中，陈昌言兄弟不仅要防备起义军的侵扰，还要防止明军或明或暗的抢掠，尤其是冒充起义军的明朝官兵更加无所顾忌，烧杀抢掠为所欲为，这让陈昌言等人怒火中烧，却又无可奈何。大乱之际，地方政府无力镇压乱军，明朝政府军又趁火打劫，陈昌言等人对明政府和明军厌恶透顶，这也是陈氏家族抛弃明朝的一个缘由。

家族崛起

崇祯六年（1633 年），陈氏家族开始筹建更大、更周密的防御城堡——斗筑居城。可是中道庄本来就不大，修建城堡必须扩大占地面积，就要占据族人的土地和房产，但是族人各藏私心，他们认为先前的几次兵祸都没有危害到他们，存着侥幸心理，拒绝陈昌言的提议。

陈昌言数次恳求依然无果，只好退而求其次，他计划先把自己这一本支所居住的地方围起来修建一座城堡。搞"房地产"就要拆迁，别人的土地以及土地上面的附属物只能购买。陈昌言向他的同宗族人购买近旁的土地。在这一点上，人的劣根性就显露无遗，面对曾经多次庇佑了他们的陈昌言兄弟的买地之举，他们忽然觉得这是个难得的发财机会，对自己的土地和房产待价而沽，不肯相与。最后陈昌言不仅额外破费了很多钱财，还以自己非常赚钱的产业作为兑换，这才勉强将相邻的房产地基买下。

陈昌言意志坚定，不被这些俗务所扰，在他的坚持下，防御城堡终于可以动工了。工匠、物料、酒水、食物都准备齐全了，择吉日摆上三牲祭告、奠基，整整干了八个月才竣工，花费白银一千多两。看着蔚为壮观的城堡，陈昌言把它取名为"斗筑居"，并在城门上题了四个字"斗筑可居"。同宗族人对此指指点点，他们认为乱军很快就会过去，花这么多的钱盖这么一个大院子，真是败家子！这些短视的乡邻想不到的是，这一军事防御工程却为他们日后带来长久的安定。

就在斗筑居城还在施工的时候，陈昌言对兄弟们说，虽有家产，但是没有官职，乡邻们还是冷眼瞧人，要想家族辉煌，必须致仕官。所以，陈昌言决定参加国家大考，他不等完工，便带着盘缠，冒着生命危险绕道赶往北京。陈昌言于崇祯七年春参加了会试和殿试，由于发挥出色，他高中进士，这一年他 36 岁。陈昌言随后便启程到乐亭县做了知县。消息传来，陈氏兄弟顿时觉得腰杆硬了许多。

陈昌言的成功直接影响到陈廷敬的父亲陈昌期。陈昌期接过家族的重任，广置田产，精心经营，伺候老母亲范氏，让陈昌言没有后顾之忧。不久，三弟陈昌齐意外病逝，此后全靠陈昌期料理家族事务。

陈昌言公务繁忙，不能回家，因为政绩卓然，他又被调到京城里任御史。任御史期间，他还被派去巡按山东，此时的明朝暗流涌动，"值齐鲁绿林蜂起"，他"严为战守具"，"……不避权贵，直声达于朝右。"

他的工作能力和为人都得到了朝廷的认可。

陈昌言风光崛起的同时，明末农民起义军也发展到势不可挡的进攻阶段，开始席卷陕西、山西大地。最令明朝政府恐惧的是，崛起于白山黑水的满洲军事集团已经迫不及待地要强力南下了。内忧外患，明朝江河日下。陈昌言是个特别聪明的人，很有战略眼光，他对明朝的未来忧心忡忡。

崇祯九年（1636年），皇太极自称皇帝，改国号为清，并仿效明朝陆续建立政权机构，又东征朝鲜，西联蒙古，势力日益强大。满洲人看到明政府内部的危机日益激化，早就有灭亡明朝、占据中原的野心。他们一方面招降纳叛，对明朝官吏尽力收买，诸如李永芳、范文程、宁完我、洪承畴、祖大寿、尚可喜、孔有德、耿仲明等人都先后投靠了清军，得其重用，并从孔有德等投降者那里学来火炮制造技术，用先进的军事技术提升战斗力，给明朝造成极大威胁。

此前，清军就曾多次派兵攻入长城，在河北、山东等地烧杀抢掠，甚至两次打到北京城下，遍蹂京畿，最远的一次曾经侵犯到山东济南，皆大举劫掠，俘获大批人畜而归。京畿重地的数十万明军只有招架之功，毫无还击之力，完全失去优势，日益走向崩溃。

明崇祯十一年（1638年），数万清军再次入关，铁骑强悍无比，势不可挡，当年朱元璋缔造的大明雄狮的军魂早已不复存在，连连挫败，竟然没有丝毫争锋的力量和胆量。清军大破畿辅州县四十三座，山东州县十八座，掳掠人口四十六万余人，直到第二年三月才出青山口而去。

明军的懦弱、怯战和清军的强悍、勇猛形成鲜明的对比，与河北省相邻的山西省虽然未受清军的蹂躏，但也是不寒而栗。陈氏家族一再地加固堡垒，希望可以在乱世中保得平安。

第二章　万物皆春

　　陈廷敬出生时，清军挥师南下，明朝已经进入风雨飘摇的最后时刻。何去何从？陈氏家族面临着痛苦的选择。就在这动荡的岁月中，陈廷敬开始读书识字，儒家文化深深影响到他，小小年纪便抱有"万物皆春"的崇高理想……

慧眼慧根

　　崇祯十一年（1638 年）十一月二十七日，陈廷敬出生在阳城县郭峪中道庄，但是因为其祖辈户籍未曾变更，故其纳税以及后来参加科考填写籍贯时，都写为泽州人。

　　陈廷敬，字子端、樊川，号说岩、悦岩、月岩、午亭、半饱居士、午亭山人，因为自其三世祖陈秀以来，家族就"以儒为业"，世世代代都重视读书，考取功名，因此早已是书香门第，家学渊源。

　　陈廷敬出生之后，不知道什么原因，总是很懦弱，特别好哭。他的母亲张氏体质偏弱，孩子生下来后就一直缺奶。为此，家里雇了乳母给他喂奶，可是陈廷敬挑肥拣瘦，为他雇了十多个乳母，他仍不消停，看到乳母就大哭不止。最后只有一位赵氏乳母能让陈廷敬不哭不闹，所以她在陈家做了五年乳母，给他喂奶，抚养他成长。

　　此外，还有一位长辈郭氏愿意一直照顾陈廷敬，她是陈廷敬曾叔祖死后留下的可怜小妾，没有孩子，孤苦无依，只能在陈家做些杂活维持

生计。陈廷敬出生时，她已经 42 岁。陈廷敬幼时多病，郭氏便经常照顾他，也许是缘分吧，两个人感情极好。不过即便这样，郭氏在家族中还是没有地位，陈昌期夫妇都不称呼她，只是呼来唤去，所以陈廷敬也不知道她是何人，只把她当成乳母看待，叫作"长芦祖母"。陈廷敬在京城读庶吉士时，郭氏病逝。当陈廷敬毕业，做了朝廷的命官，于康熙元年请假探家时，做主把她与曾叔祖合葬，并且为她写了墓碑，记载了她的事迹。此时，陈廷敬的父母均健在，族里还有其他长辈健在，为什么听从陈廷敬的建议来安排郭氏的后事呢？主要还是因为他做了朝廷命官，身份高贵了，有了威望。

陈廷敬出生时，战乱频发，陈氏家族不为所动，还是把学习儒家文化当成了家族的祖训，世世代代都学习儒家经典。陈氏家族家学渊博，文化底蕴体现在各个方面，比如说命名吧！陈廷敬的原名是一个敬字，叫陈敬，这个"敬"字就体现了儒学的主敬思想。《易经·坤卦》说："君子敬以直内。"意思是说，君子通过恭敬谨慎来矫正思想上的偏差。他的字是"子端"，"子"是虚字，"端"有两层意思，一是正，不偏斜；二是直，不弯曲。"子端"这个字反映了主敬思想的内在含义。也许是陈昌期希望陈廷敬能够实现古人追求的那种超脱的境界，真正地持有敬畏之心，自我修养进而达到最高境界，止于至善吧。

说到这里，我们基本上对陈氏家族有了基本的了解，陈氏家族不仅是文化世家，还是礼义世家。陈廷敬出生在这样的家庭，耳濡目染，造就了他内心的善良和公正耿直的性格。现在，我们对陈廷敬所处的生长、生活环境有了大概的了解。这位大清重臣就是在这样深厚的家族文化底蕴和衣食无忧的生活环境里开始了读书问道，继而走出中道庄，坚定执着地朝着清朝波澜壮阔的万里征途迈进！

父严母慈

陈廷敬是陈昌期的长子，是陈氏家族的第九世。陈廷敬的诞生让其父陈昌期看到了希望。为了向他的伯父陈昌言学习，做一个光宗耀祖的朝廷命官，陈廷敬自儿时起就在父亲的威严下开始了识字听读的学习生活。也许是受到大哥的鼓舞，扎根于陈昌期心底的"进士梦"并没有破灭，掌管家业之后，他仍然喜好读书，依旧以身作则，饱览群书，并对子侄们的学业严加督促，希望再培养出下一个进士。

陈廷敬的母亲张氏，是山西沁水县人。张氏的祖父是明万历年间的进士张之平，"累官陕西商洛道左参政"，在历史上也是留下了名字和诸多事迹的人。她的父亲名叫张洪翼，考中举人，任过直隶威县知县，可谓是家门显赫。如此看来，张氏是一个官宦家的女儿，属于大户人家的千金小姐。

张家千金"少而颖慧特异"，属于机灵又聪明的女孩，她的父亲十分疼爱她，各种宠爱毫不吝啬，要什么给什么，对她"奇爱之"，亲自教授她"四子、《通鉴》及《列女传》诸书"。张家千金敏而好学，又十分刻苦，对于这些著作，她"无不背诵，通晓大义，能文工书，道如经生"。那个时代奉行女子无才便是德的观念，绝大多数女子是不识字的，这样的一个有才华的奇女子自然是名闻百里，让人刮目相看，敬佩有加。

一个是豪门巨贾，一个是官宦之家。两家人强强联合，陈昌期有幸迎娶张家千金，可谓是门当户对。嫁入陈家后，张氏果然是一个贤妻良母，她"于家政稍暇，即出书籍，凭几庄诵，……经生好学者亦无以加也"。张氏是个博学多才的知识型妈妈，她完成了对陈廷敬的启蒙教育，把自身的学识一点点地传授给陈廷敬。就像现在的家长让幼儿背诵唐诗一样，完全是填充式教育，故陈廷敬"凡'四子书'、《毛诗》皆太夫人（张氏）口授以诵"。陈廷敬自幼便被训练的博闻强记，记忆了大量的文字，为以后学习经学打下了坚实的基础。

张氏性格坚韧，她十分渴望自己的儿子能够高中进士，成为朝廷命官，因此她对陈廷敬要求十分严厉，"训戒（诫）尤严于"其父，随时督查他的学业。随着年龄稍长，陈廷敬到了六七岁的时候，张氏便请来了私塾王先生到家里任教。每天上午陈廷敬跟随王先生读书写字，中午吃过饭后也不休息，继续学习，不敢偷懒。傍晚放学用过晚膳后，也没

有玩乐时间。张氏"必簉灯督课之，与塾师不少异"。在母亲的督促下，陈廷敬每晚都挑灯夜读，消化白天学习的知识，小小的身躯虽然疲惫不堪，但是依然刻苦攻读。

父母都是有着深厚文学素养的人，陈廷敬又是天资聪颖的孩子，所以在他童年时就显露出与众不同的学习能力。据陈廷敬回忆："吾六七岁以塾师受句读，……家固多书，……乃尽发其新旧书得纵焉。"陈廷敬的古文功底就是在这个时期开始建立起来的。

改朝换代

崇祯十七年（1644年），陈廷敬六岁了，学习了很多知识，可是他快乐的童年却要结束了。这一年，明朝形势突变，起义军进入全盛时期，李自成率领大军从西安一路杀来，几无波澜，顺利地攻破明朝权力核心北京。

明朝崇祯皇帝朱由检在走投无路之下，在煤山（今北京景山）上吊自杀，身边只有一个太监作陪。明朝就此而亡。

此时，在京的明朝文武大臣一时间陷入迷茫。按照封建礼教，君父之仇，不共戴天，他们深受皇恩，食君之禄，面对国亡君死的局面，应该报国，为国家为朝廷尽忠。但是毕竟贪生怕死的人多，明朝廷在京的三千余中央级别的官员只有二十余人自尽殉国，大批文官武将顺势倒戈，都以投靠大顺政权为唯一出路，成为李自成的待选官员。

李自成对明朝投降官员采取慎重选用的政策：凡三品以上的大官全部不用，四品以下的官员则酌情录用。

当时陈昌言在督察院任浙江道监察御史，恰好在北京办事。李自成围攻北京城时没能及时逃出来，虽然他一生受到的教育要忠于君主，但他对崇祯皇帝没有太多的情感，对明朝也没有过多的留恋，自然也没有为明朝殉葬，而是和其他官员一样，随着大流变节投靠了大顺政权，暂时保全了自己的性命和官位。

但是，形势急转直下，众所周知的吴三桂冲冠一怒为红颜的事情发生了，他遣使向多尔衮乞师讨伐李自成，接应清军入关。

　　四月二十一日，答应援吴的清军在一片石击溃了李自成派去切断吴三桂后路的唐通部农民军；四月二十三日，李自成亲率大军与吴三桂军激战于山海关前，一时难分伯仲，双方鏖战至中午，吴军逐渐实力耗尽，为农民军包围。不料清军猝然袭击，农民军失利，李自成败退。清军正式入关，一路高歌猛进。仅仅四十二天，大顺军就不得不面临全线撤退的局面。李自成危在旦夕，遂放弃北京，和清军拉开距离。李自成一走，京城里已经投诚的明朝官员无不如丧考妣，纷纷携妻带女，惊逃而去。

　　五月一日，清军攻占北京。多尔衮奏请六岁的福临（顺治）迁都北京。福临生于盛京，其母为永福宫庄妃，博尔济吉特氏，即孝庄文皇后。就在上一年八月，清太宗皇太极驾崩，由于未预定储嗣，所以在这一突发事件后，其第十四弟掌正白旗的和硕睿亲王多尔衮与其长子肃亲王豪格之间展开了激烈的皇位之争。双方争夺者势均力敌，相持不下。精明的多尔衮随机应变，提出以拥立皇太极第九子福临为帝，由和硕郑亲王济尔哈朗和他共同辅政，结果获得各派势力妥协性通过。福临便顺利登上盛京笃恭殿的鹿角宝座继帝位。

　　多尔衮是个极力想进入中原的角色，他对吴三桂请降的这一千载难逢的机会欣喜若狂，于是抓紧时间进军北京，准备入主中原。山海关一破，北京再也无险可守，李自成起义军遂放弃北京向陕西撤退，清军一路跟进抢占地盘。

　　就在李自成退出北京时，明朝的大批官员也跟着逃离京城，陈昌言大概就是在这个时候逃回阳城县中道庄的。刚刚投靠了大顺政权，可这个政权仅仅四十二天就败亡了，这让他的委身变节显得非常不值。本来他认为明朝气数已尽，大顺天命所归，可是顷刻间又作鸟兽散，真是造化弄人啊！

　　好事不出门，坏事传千里！陈昌言变节的事早已在家乡传遍了。回到老家之后，陈昌言无颜见江东父老，闭门谢客。投靠大顺政权成为他的一个心病，他自感没有在关键时刻把握住命运，选择了一个不足以依

赖的政权，导致个人和家族蒙羞，忠孝节义都撇开了。此后很长一段时间他都自感羞愧，他对明朝的土崩瓦解感到愤愤不平，对李自成的痛恨无以复加，对清军的强悍充满畏惧。

起义军在撤退过程中，清军一路跟进，先于保定、定州（今河北定县）两挫起义军，接着向山西进攻。大同守将姜瓖投降，平阳（今山西临汾）守将陈永福被俘。多尔衮入居北京不久，清朝已经拥有了北直隶、山西、山东等若干省份。

六月，多尔衮令洪承畴仍然担任兵部尚书同内院官一起处理政务。九月，自盛京迁都北京，十月初一，在多尔衮率领的诸王以及满、汉大臣的劝进下，福临在北京故宫武英殿继位，并宣布"兹定鼎燕京，以绥中国"。此举标志着清朝由地方政权开始转化为统治全中国的中央王朝。小皇帝福临在叔叔多尔衮的辅佐下面南而坐，登上了紫禁城权力的顶峰。次年改元"顺治"。

面对着风云变幻，改朝换代的鼎革之变，陈昌言愁眉不展，他是长子，要承担家族的使命，何去何从？相信他应该和陈昌期商议过多次，却没有太好的结果。

为此，陈昌言写了一首诗《蛰居》聊以自勉，诗前还特别写了一个简短的小序："有屋一间，尽可容膝。甲申避乱其间，因名。"陈昌言有些消极失落，诗这样写道：

> 大厦虽非一木支，苟全乱世欲何为？
> 忧将天问凭谁解，惭对青山转自疑。
> 丰榻奇书消寂寞，一杯元酒了愚痴。
> 愁多潦倒无新句，且向残灯改旧诗。

"甲申"即甲申年，也就是明崇祯十七年，这年三月，崇祯皇帝吊死，清廷入主紫禁城。"蛰居"显然是表明他伏藏乡间，对前途感到迷茫，不知所措！小序的内容则有些安于现状的麻木感。

全诗的大意是，大厦虽然不是一根木头能够支撑的，可我苟全性命于乱世之中又能怎么样呢？我日夜忧愁，向天发问，谁能够给我解答？面对青山，满怀羞惭，内心产生了更多的疑虑。摆满奇书可供我消除寂寞的时光，杯子里的薄酒可让我忘却愚痴的想法。愁苦失意写不出清新的诗句，只好在残灯之下修改过去的旧作。

陈昌言向来是陈氏一族的当家人和引为自豪的顶梁柱，但是陈昌言的变节却成为周边村民的笑柄。面对乡邻的指指点点，陈昌言不做辩解，他亲眼见过清军的勇猛，明军和大顺军都不是对手，天下也许早晚都是清朝的。陈氏家族走到今天十分不易，一旦站错了队伍，就会带来灭顶之灾，想要东山再起可就难上加难了。

隐忍、等待成为陈昌言的座右铭，陈昌期自然支持他的大哥。此时的陈廷敬还是个孩童，根本不知道改朝换代时的那种取舍。这个伟大的选择在他明事理之前就由他的伯父和父亲替他完成了，所以对陈廷敬而言，根本不存在变节一说。

心系儒学

就在伯父赋闲在家的这一年，七岁的陈廷敬无意间拜读了理学家薛瑄的著述，顿时进入了另外一个求知的殿堂，仿佛这个世界为他打开了一个全新的窗口。他"即知向慕"，颇有顿悟，看书看的心花怒放，小小年纪便立志以薛瑄为师，从而开启了他研究理学的大门。

薛瑄（1389 年 8 月 20 日—1464 年 7 月 19 日），字德温，号敬轩。山西河津县（今山西河津市）人。明代著名思想家、理学家、文学家，河东学派的创始人，世称"薛河东"。

薛瑄在北方开创了"河东之学"，其著作集有《薛文清公全集》四十六卷。他的门徒遍及山西、河南、关陇一带，蔚为大宗。其学传至明中期，又形成以吕柟为主的"关中之学"，其势"几与阳明中分其盛"。清人视薛学为朱学传宗，称之为"明初理学之冠""开明代道学之基"。有学者认为，有明一代，学脉有二：一是南方的阳明之学，一是北方的薛瑄朱学。可见其影响之大。

薛瑄官至通议大夫、礼部左侍郎兼翰林院学士。他是个难得的清官，从宣德三年（1428 年）开始，到天顺元年（1457 年），陆续居官二十四年，大多执掌法纪，如监察御史、大理寺少卿和大理寺卿等。期间他严于律己，勤廉从政，刚直不阿，执法如山，被誉为"光明俊伟"的清官。宣德三年，薛瑄被任命为广东道监察御史，并监湖广银场（又称沅州银场）薛瑄深知肩负责任重大，他以唐诗"此乡多宝玉，慎莫厌清贫"自警。在他驻于沅州、辰溪和泸溪等处时，往复巡视，明察暗访，承办要案，特别是对贪污受贿者都据实上报，革除官职，依法严惩。从而使府县及沅州银场秩序井然，民众夸赞不已。薛瑄在任三年，未回过一次家。离任时两袖清风，正如他在诗中所说的，"莫言白笔（代称自己）南征久，赢得归囊一物空。"

　　薛瑄清白正直的为官之道，给陈廷敬留下了不可磨灭的印象，尤其是薛瑄大力惩办贪污受贿官员的行为，更是让他佩服得五体投地，进而膜拜。薛瑄不向权贵屈服，一生为民请命的壮举深深折服了陈廷敬。

　　薛瑄的学说对当时和后世的影响是非常大的。当时，理学经过几百年的发展，在理论上趋于完善，很多理学家开始强调躬行理学思想，陈廷敬也是如此。理学强调的个人道德，具体到官场之中就是自身为官要清廉，对待贪官要敢于斗争。这似乎也为他日后成为反腐名臣奠定了基础。

　　薛瑄推崇程朱理学，在思想上同程朱理学是一脉相承的，但又并非程朱理学的简单延续，而是进一步完善和发展了程朱理学。致仕还乡以后的日子里，薛瑄一面聚众讲学，一面进一步深钻细研正心复性理论，并进行更加严格的自我修养，使之达到了更高的境界。难能可贵的是，他在"理无穷，故圣人立言亦无穷"的思想指导下，弃旧图新，提出了不少具有唯物主义思想倾向的观点，对明朝中叶兴起的理学唯物主义思潮起到了首倡和先导作用。陈廷敬一生务实谨慎，做事不浮夸，从来不凭主观臆断办事，而是先行调查，再做出相应的对策，这不是一朝一夕养成的习惯，而是自幼学习薛瑄理论所形成的。

　　首先，薛瑄批判和改造了朱熹"理在气先"和"理、气决是二物"

的唯心主义理气观，明确提出了"理在气中，以气为本"的新观点。他坚持气是构成宇宙万事万物最原始物质本体的观点，他说："天地间只一气""天地万物皆气聚而成形"。

其次，薛瑄一贯倡导求实理、务实用的实学思想和学风，他不但明确提出了"实学"的概念，而且赋予了其丰富的内涵。他说："人于'实'之一字，当念念不忘，随时随处省察于言行居处应事接物之间，心使一念一事皆出于实，斯有进德之地。"又说："为学不在多言，亦顾务行如何耳！"他在强调行的重要性的同时，也肯定了知对行的指导作用。对此说道："知理而行者，如白昼观路分明而行，自无差错；不知理而行者，如昏夜无所见而冥行，虽或偶有与路适合者，终未免有差也。"

由于薛瑄力倡"实学"，并一生躬行实践，所以他的学说被时人称为"笃实践履之学"，被誉为"实践之儒"。陈廷敬是著名的理学家，他十分强调躬行，即用自己的实际行动说话，不崇尚空谈。他说："古人读书，直是要将圣贤说话实体于身心。与其言而不行，宁行而不言。君子以身言，小人以舌言。"陈廷敬注重躬行，反对空谈，认为躬行的真正含义，就是按理学的要求，规范自己的行为。

纵观陈廷敬一生，的确是把躬行放在了首位。大学士李光地对陈廷敬的行事风格表示叹服，他说陈廷敬"慎守无过，后辈亦难到"。陈廷敬关于注重躬行的论述，也成为陈氏家族行事的准则。薛瑄的这些言行对陈廷敬世界观的形成产生了积极的作用，务实求理在他的身上随处可见，我们会在后面章节对此详细阐述。

再次，"复性"说在薛瑄理学思想体系中占有重要地位。薛瑄的"复性"说，虽积极维护程朱的"道统"观念，本质上仍然是唯心主义的，但其中也不乏唯物主义观点。如就"性"的本源来说，朱熹认为"性"是天赋，来自先天；而薛瑄则认为"性"是"理"，主要形成于后天。在对"复性"的具体解释上，朱熹指出，"复性"就是要恢复人的本然之善的天性；薛瑄却不然，他说"复性"就是要按理视、听、言、动。从中不难看出，薛瑄的"复性"说，在很大程度上是对朱熹"复

性"说的修正和完善。在心性问题上，薛瑄通过对心性的解释以及对其意义的探讨，完成了"以性为宗"到"复性为要"的过程。就他的本意来说，是力图在某些方面为朱学补苴圆融，并试图对理学心性论做一次概括。然而，从总体上看，他还是谨守"朱学矩矱"的，没有超出朱学的范围。

陈廷敬学习薛瑄的理学著述，接纳了薛瑄的许多理论之后，整个人都发生了巨大的变化。虽然他还处于稚嫩学童的阶段，但是他的学识和胸怀实现了突破，进入到了一个相对包容、胸怀天下的境地。

看到侄子如此求上进，陈昌言不禁有些惭愧，虽然他自身已有污点，但是教育起子侄来却毫不退步，依然是坚持以礼、义、仁、智、信等引导陈廷敬走正道。他对陈廷敬的教育起到了很大的激励作用，成为陈廷敬人生道路上的引路人。对于人生、前途、仕途，陈昌言依旧十分向往，他不甘于沦落为一个村夫俗子，他在隐忍，等待时机。

家族抉择

面对内忧外患，明朝一部分南逃的中央大员和南方的地方官员在陪都南京拥立福王朱由崧称帝，改元"弘光"，延续明朝的宗庙社稷，史称"南明"。南明地域辽阔，拥有富裕的江南和雄厚的人口基础，而且还有百万明军，复国的希望不是没有可能。

陈昌言顿时看到了希望，他本想千里迢迢赶赴南京，为"南明"政权效力。可是，有逃难回来的山西商人带来可怕的消息，南明的弘光朝廷采取了一个战略上严重失误的国策，他们没有认识到清军的可怕，而是心里幻想着模仿东晋、南宋偏安江南的美梦。他们完全没有北伐的意图，反而大力构筑长江防线，试图打造自己的铜墙铁壁。同时，南明政权对那些从北京南逃的文武官员采取严厉的秋后算账、追究治罪的法令，屠杀大臣无数，历史上称为"顺案"，这样就把一时失节并且还愿意报效国家、重新做人的大部分官员推向了清朝。

与此相反，清朝却对前明官员大加笼络，他们调整了官吏优待政策和各种待遇，其规定：只要在明朝做过官，都按原官起用；甚至对投降了大顺朝并且在大顺朝又升了官的，就高不就低，按较高的官阶启用；对于在明朝犯了严重错误、品行极其恶劣的官员，也依然按原官起用。

明朝原大学士冯铨，曾经投靠宦官魏忠贤，犯下累累大罪，人品极污，被崇祯定为"逆案"，永不叙用。就这样一个臭名远扬、令人齿冷的大奸臣也被清朝起用了，而且依然被任命为大学士，其官位还排在了大学士范文程和洪承畴的前面。

清朝这样做的目的是向天下彰显自己的恢宏大度，胸纳百川，也是为了彻底瓦解明朝臣民的斗志。这个政策可比南明弘光朝廷自毁栋梁的策略高明得多了。于是，大批明朝官绅转身死心塌地地投靠了清政府，为反攻南明不遗余力。

这个局面让心系南明政权的陈昌言醒悟了，他知道自己已经永远不可能再为明朝效力了。他审时度势，仔细推敲时局。最后想明白了，既然自己已经变过节，南明又不接纳自己这样的"问题官员"，那么再变一次节又有何妨？如今清朝气势正盛，掌权者又如此开明，何乐而不为呢？陈昌言下定决心要投靠新主——清朝政权。

就这样，经过内心的挣扎和思考，陈昌言毅然投靠了清廷，果然官复原职，依然是浙江道监察御史，虽然浙江道还在南明政权手中，还不能立刻就任，但是俸禄却一文不少地发放到位了。陈昌言穿上了清朝官员的服装，剃光了前额上的头发，后脑勺上梳起一个长长的大辫子，出入坐轿，又有官差开路，十分威风。

那些看陈家笑话的人都连忙闭上了嘴，陈昌言又做官了，管他是谁的官，老百姓可是见官矮三分。此时，清朝、南明、大顺政权的斗争已经进入关键阶段，鹿死谁手尚不可知。

计划没有变化快，谁都想不到，原本所向披靡的明末起义军领导内部发生了分裂，谋士李岩分兵河南时，却因李自成听信军师牛金星的谗言而被诛杀。尽管如此，李自成还是拥有几十万军队，仍然在河北真定（今河北正定）、井陉、河南怀庆、陕西潼关等地继续抗击清兵和明朝残余的军队。

再回头看南明弘光政权，明安宗朱由崧，也就是世称的弘光帝，个人能力极差，又昏庸堕落。尽管他拥有百万士兵，他的小朝廷却固步自封，没有丝毫建树，反倒时刻幻想同清军议和，划江而治，而且还试图与清军联手剿灭起义军，好不热闹。

清政府抓住南明政权政策上的犹豫不决，一边对起义军作战，一边打击并收编长江以北的明朝军队。虽然清军不足二十万人，但是收编的明军却达到三四十万人。为了向新政权邀功，投降的明军士兵作战得力，很多将士得到封赏。

顺治二年（1645年），士气如虹的清军一举攻克南京，主战派史可法壮烈殉国，弘光朝廷灭亡。清政府招降的众多文官终于派上用场了，他们纷纷成为接收大员，赶赴江南就任。清政府设置了江南省，管辖今天江苏、安徽及江北等地，实干派的陈昌言被任命为提督江南省学政，继而赴任，可见他投清之后，很受清政府的重视。

学政是主持一个地区教育的官员，作为为皇家服务的中层教育工作者，这些官员都是皇帝钦点的，均从京官中选派，可见其地位和身份堪重。学政任期三年，在他的管辖之地，可以独立行使管理教育的职权，与该省的总督、巡抚平起平坐，而总督、学府等不得干涉学政事务。从这一点我们看到这一制度的先进性，它能使地方教育与国家诉求保持一致，而且还不受地方左右，其官员的考核也与地方无关，这就避免了许多人为因素的干扰。

心怀天下

正在陈氏族人觉得站对了队伍而开心的时候，清朝的局限性导致的抗清风暴不可避免地来临了。清朝统治者毕竟是没有经过礼教的熏陶，没有太多优秀文化的滋养，格局有限，他们在笼络地主阶级镇压李自成等起义军的同时，却又对汉族人民格外歧视，并施行了圈地、剃发和屠城等措施，导致许多地方百姓都起来反抗清朝统治者。

京畿的昌平、三河，以及冀中、苏北、山东、山西、河南等地人民的反清斗争，风起云涌。山东西部的榆园起义军，山东东部的青州起义军，山西西部吕梁山区的起义军，河南怀庆、卫辉等地的起义军，在河北各地也有很多小规模的农民武装起义。在这些起义军中都有被清军打散的李自成旧部参加，他们或是独立作战，或是策应李自成的军队抗击清军。

恰在此时，这个时期最伟大的思想家顾炎武站了出来，他提出的"保天下者，匹夫之贱，与有责焉耳矣"这一口号，认为满洲贵族入主中原是民族侵略，民族征服，叫作"亡天下"，一时间其言论传遍天下，影响甚广。源于这样的理念，一场抵抗外族侵略的民族战争爆发了，竟然持续了数十年之久。按照我们现在的历史观，满族属于中华民族的一员，不属于侵略，但是在清初，反清复明的口号可是传遍了天下，无数汉人为了对抗清朝付出了生命。

山西虽然地处一隅，却因为地理位置的关系，成为抗清风暴的前沿战场。时局之乱，让陈昌言和陈昌期两兄弟愁眉不展，他们十分担心，抗清风暴会摧毁清朝，这样他们的退路就没有了。

清顺治二年（1645 年），清朝统治者集中兵力分两路攻入陕西：一路由英亲王阿济格率领，吴三桂为前锋；一路由豫亲王多铎率领，孔有德为前锋。李自成迎击清军于潼关，经过激烈的战斗，起义军放弃西安，东下湖广。清军穷追不舍，起义军节节败退，军心愈发涣散。四月时，起义军来到湖广通山县，李自成遭到当地地主武装的袭击，死在通山县九宫山。

李自成死后，除去由郝摇旗、刘体纯等继续统率起义军余部之外，另一支由李过、高一功等统率的起义军十余万人也由陕西赶到。他们决定与南明的抗战将领何腾蛟、堵胤锡的军队联合，在湖广抵抗清兵。同时，在四川的张献忠领导的大西起义军，也与清军展开激烈的厮杀。整个中华大地，处处都是战火。

顺治三年（1646 年）冬，清统治者派肃亲王豪格进攻四川大西政权，张献忠撤离成都，迎击清军于川北西充的凤凰山，遇伏而死。张献忠死后，他的部将李定国、刘文秀、孙可望、艾能奇等人，也在川南云

贵一带与南明永历（桂王）政府合作，继续抗清。

此时陈廷敬已经九岁，他在学业上展现出更加令人震撼的成绩。天下纷争似乎没有影响到他，中道庄依旧歌舞升平。这一年的春天，陈家花园牡丹盛开，其父陈昌期设宴邀请地方官以及亲朋好友前来赏花。

席间，有人想试试陈廷敬的文才，就以"牡丹"为题，让他咏诗一首。

陈廷敬面对着万物复苏的大自然，沐浴着春风和煦的阳光，聆听着鸟鸣，回顾着农人在田地里翻土的情景，咏出一首惊世骇俗的诗《咏牡丹》："牡丹春后开，梅花先春坼。要使物皆春，定须春恨释。"

诗的大意是，牡丹和梅花比较，一个开在春天之后，一个开在春天之前。牡丹为什么开在最后呢？她是要让百花齐放，万物皆春，散尽它们在春天的所有仇怨之后，自己才开花。"要使物皆春"这一警句，使当时在座的宾客都非常惊异，"闻者已惊其度量"，连他母亲都十分惊讶地说："这孩子想叫世间万物都各得其所呀！"小小年纪就心怀天下，足见其从小就志向不凡。 在座的宾客纷纷夸赞，有志之士说他抱负不小，将来"必为名宰辅也"。且不论陈廷敬这首诗的水平怎样，单单是它的意境，很多大人都很难触摸到，也许这就是他真实的胸怀和怜悯之心吧！这首诗显露出陈廷敬怀有兼济天下的大志，这表明他不仅学识超越了同龄人许多，而且其品德也达到相当高的水准。

宴会结束后，有一个人感觉到前所未有的压力，他就是陈廷敬的私塾王先生。陈廷敬聪明好学，思维灵活，对问题喜欢刨根问底，让学识有限的王先生备感吃力。宴会后，他数次请辞，对陈昌期说："是儿（指陈廷敬），大异人，非我所能教也。"意思是，"你儿子是个非常有才华的人，不是我能教了的。"

陈父一边挽留王先生，一边给陈廷敬另寻名师。可是，小小的阳城哪里会有什么名师呢？

陈廷敬十岁那年，私塾王先生还是离开了，消息传出，更没有敢来教他了。无奈之下，陈昌期只好亲自教陈廷敬，由于他还要经营家业，不能全身心地指导自己的儿子，便让他的侄子陈元做陈廷敬的"导师"。

陈元是陈昌言的儿子，自幼饱读诗书，自学能力非常强。由于其父陈昌言长期在外为官，所以他的学业全是陈昌期"躬自训导"的。陈元读书十分刻苦，喜欢钻研深奥学问，"至弱冠以经魁其乡"，其学问"深魂博雅，古文卓然成家"。

陈昌期便命陈廷敬跟着堂兄陈元学习。陈元果然不负叔父的期望，把陈廷敬教育的妥妥帖帖。据《凤台县志》记载："后廷敬以文章名于海内，皆元教之也。"这话说得虽然有些夸大其词，但是陈元在陈廷敬学问的成长道路上，确实起了"良师益友"的作用，帮助他养成良好的古文读写习惯。在清初动荡不安的岁月中，陈氏家族两个优秀的青年才俊在茁壮成长！

第三章　百川汇海

　　陈廷敬在应试的道路上较为顺利，考上了进士，成为家族的骄傲；在攻读庶吉士期间，他积极参加京城的文人聚会，凭借出色的才学赢得了文坛前辈的赞扬和肯定，同时也成为顺治皇帝重点栽培的对象……

生死一线

　　顺治五年（1648 年），已经投降清朝的原明朝总兵姜瓖忽然反于山西大同，他们割辫子，易冠服，自称"大将军"，高举"反清复明"的大旗，山西各地群起响应，上至省级高官，下至平民百姓，几乎都自发奋起反抗。

　　清朝在山西建立的地方政府各级机构几乎一夜间全部瓦解，除了省会太原、平阳（今临汾）几座孤城外，整个山西已经成为了一个沸腾的战场。

　　阳城人张斗光也起兵响应，他率兵攻下清兵驻守的泽州，以此为根据地四处出击。张斗光看到这次反清复明的大业中，许多前明官员和地方乡绅都起兵抗清了，便想到当地名人陈昌言和陈昌期兄弟俩。于是他写了一封真情实意的信，派人带着厚礼去拜会陈昌期，请陈昌期共谋大业，并让他写信给陈昌言劝其脱离清朝政权，回乡抗清。

　　此时在中道庄执掌家业的陈昌期，面对群起的反清壮举，他没有盲从，而是死心塌地跟着清廷走下去，不成功便成仁。这个想法陈家兄弟俩早已达成共识，陈氏家族已经没有退路了。陈昌言在其履任的过程中，再一次见证了清军的可怕战斗力，也见识了明朝残余部队和反清起义军的钩心斗角，他认为反清复明尽管甚嚣尘上，但是不会成功，只有跟清廷共患难，才会成为有功之臣，家族才会保得平安。为此，每次他写家书的时候，都会刻意叮嘱陈昌期。所以，陈昌期当即撕碎张斗光的书信，并怒骂信使："贼奴死在旦夕耳，敢胁我耶！"

张斗光得知陈昌期不愿意加入反清阵营，而且辱骂自己，简直是忘记了祖宗宗法，便亲率数千人急行军而来，在夜幕降临时分将斗筑居城团团围住。没等到天亮，他便下令摆开阵势，云梯、大炮、火枪等各就各位，拉开阵势，试图逼迫陈昌期投降。

此时的斗筑居城早已经不是当初的防御力量和规模了，多年来的城防建设终于派上用场。斗筑居城内，各种武器齐备，粮草供应充足，而且护院的家丁也训练有素。城堡的大门紧闭，家丁们拿着各式武器站在墙头上守城。

陈昌期发表了战斗动员讲话："受恩本朝，为臣子，势不陷身于贼。贼反覆倡乱，此特待命漏刻耳！吾已度外置妻子，若汝曹不协力坚守，一旦为贼所污，异时王师至，无噍类矣。"

陈昌期讲话的大意是，我受恩于清朝，发誓绝不以身事贼，此贼反复叛乱，朝廷早晚会要了他的性命。我已将妻子儿女置之度外，如果你们不全力守城，一旦城破，我战死了，将来朝廷的大军到了，你们也不会活命的。

家丁们听闻无不热血沸腾，誓要与城堡共存亡，他们在城墙上严阵以待。陈廷敬的母亲张氏刚生下第三女，身体柔弱，但她不愿休息，豪迈地说"此非安寝之时"，挣扎起来，指挥奴仆准备饭菜让家丁们吃饱了守城。她还对陈昌期说："吾必不辱君，堡破请先死，君其勉之！"其后，张氏极力辅佐陈昌期守城，终夜不休息，鼓舞了家丁们的斗志。

陈廷敬这一年已经十二岁，他披挂着简单的甲胄，拿着兵器，跟着父亲登城观战。他首次感受到战争的恐怖，只见城外火把通明，人叫马

嘶，步兵正抓紧时间组建冲锋阵型，少许的骑兵往来奔赴传递命令，最中间的一座大帐就是张斗光的中军大帐，许多士兵进进出出，一场血与火的战斗即将展开。

不过，有勇有谋的张斗光并没有连夜攻城，而是制造紧张氛围，让陈昌期不战而降，因此不惜耗费精力做足前戏。等一切就绪了，见陈昌期仍没有投降的意思，便下令埋锅造饭，补充体力，然后轮流休息。

天亮之后，张斗光又修书一封，命令士兵用箭射于城上，言辞更加诚恳，晓之以理动之以情，希望陈昌期可以与之共同反清复明。他率领万余人立于城外，信心满满。

陈昌期不待家丁念完信，便夺过信，目不正视，直接将信撕碎，掷于城下，大喊："以身死忠，永无二念。"

此时，张斗光大怒，命令前军缓步上前，进入到攻击阵地上。弓箭兵拉开弓弦，锐利的箭头闪着寒光，大战一触即发。但他并不莽撞，斗筑居城高耸如山，城墙宽厚，很难攻克，他对陈昌期大喊："我不为难你，只要给我一些粮草和军饷我就撤兵！"其实，他这是想借索要粮草军饷之名，以套取陈昌期，抓住他资助自己的把柄，最后胁迫他反清。

陈昌期当即识破其阴谋，怒骂："为大清守一块土，金帛以劳守者，何贿贼为？"

张斗光看到陈昌期再也没有争取的余地，便下令攻城。战斗十分激烈，顷刻间便出现死伤。陈昌期以重金赏赐守城家丁以及壮士们。守城的人冒着箭雨奋勇还击，向爬云梯的士兵猛烈射击，抛放滚木礌石，顽强抵抗。

张斗光的三轮攻势均被瓦解，死伤甚多。可是，小小的一座城堡，抵御土匪乱兵还可以，遇到有组织、有章法攻城的军队就不行了。战斗进行到第五天，守城的人死伤众多，眼看着兵力不足，城堡随时都有被攻破的危险。陈昌期和家人都做好了城破殉国的准备……

危急时刻，张斗光竟然连伤员都顾不上搬运，急匆匆地撤兵了。

原来就在张斗光兵困斗筑居城的时候，清政府终于将分散在诸多地方的清兵集结起来，开始大举反攻，连战连捷，不断收复失地，直接威胁到张斗光的大本营。张斗光无心恋战，这才回救泽州。可是，清军横扫千军如卷席，这些叛乱的明军旧部被逐一消灭，最后，山西平定，继而北方也趋于稳固。

陈昌言、陈昌期兄弟俩坚定地与清政府并肩作战，牵制了张斗光，有效地折损其部分兵力，算是交上了一份有含金量的"投名状"，不仅成为清朝地方政府倚重的骨干力量，还成为山西地方政府着重扶持的乡绅榜样。陈氏家族在危急时刻站对了队伍，此后高官厚禄、荣华富贵都集于一身，为陈氏家族的进一步发展创造了有利的条件。

陈廷敬正是在这样的战乱时局看到了清军的勇武，看到了如果没有清军的及时发兵，他和他的家族会就此而绝。在他的内心里根本没有前朝的影子，自然也不知道明朝为何物？所以，陈廷敬考取清朝的功名，做清朝的官，都是理所当然，无可厚非的。若要一定指出气节问题，那也是他的父辈陈昌言、陈昌期的所为了。

山西的反清运动被镇压之后，陈氏家族迎来了发展的黄金阶段。陈昌期继续修建中道庄城的南部未完工程——止园书堂（南书院）。这个书堂其实是给他的大哥陈昌言修建的，书堂的名字也是陈昌言起的。

陈昌言本意是"知止"，就是要急流勇退。"知止"出自《老子》，有"知止不殆，可以长久"之句，意思是说，凡事要知道适可而止，便不会遇到危险，这样才能长久地存在下去。陈昌言久历官场，深知其中利害，凡事不可过度。止园不仅是他准备退休后养老之所，也是他明哲保身的智慧之举。"知止"思想成为陈氏家族的重要处事原则，也成为陈氏族人做官的准则。

应童子试

此时的陈廷敬跟随父亲和堂兄已经修习了四五年之久，可谓是传承了家学，虽然还是少年郎，其学识却令人钦佩，名满阳城县。

顺治九年（1652 年），陈廷敬年满十四岁，在父亲陈昌期的安排下，陈廷敬大婚了，娶的是前明吏部尚书王国光的玄孙女为妻。

成家之后的陈廷敬多了些沉稳，其言谈举止更加符合家族古训，这让其父陈昌期看到了自己年少时的风采，对他的期望更高了。

　　顺治十年（1653 年），陈昌言五十六岁了，他渐感身体欠佳，三番五次向朝廷请假，想要回家探望老母亲范氏。朝廷便准了他一年的假期。陈昌言从江南回到家中之时，恰好止园落成，他很开心，写了一首赞美止园的诗。止园的景致让他陶醉，他有了告老还乡、隐居终老的念头，想要享受山林泉石之乐。

　　在探亲这一年中，陈昌言对陈廷敬也悉心教导，给他讲了许多大道理，也讲了外面繁华世界的人与物，还讲了许多为官之道，这让陈廷敬大开眼界，对江南的美丽河山充满了向往。

　　顺治十一年（1654 年），陈昌言探亲的假期满了，本该返程，可是他身体却一直不适，只好再次请假。陈昌言是陈氏家族历史上一个关键的人物，对陈氏家族的发展起了举足轻重的作用。他仿佛是陈氏家族的领路人，指引着后辈前行。陈廷敬就是在这样的关怀下开始了科举考试的历程。他从童子试、乡试、会试、殿试开始了漫长的"打怪升级"之路。

　　童子试听着简单，其实却是一个拦路虎，俗称"考秀才"，亦称"童试"，即科举时代参加科考的资格类考试。在唐、宋时称州县试，明、清称郡试，包括县试、府试和院试三个阶段的考试。

　　县试一般由知县主持，本县童生要有同考者五人互结，并且有本县廪生（明清两代由公家给以膳食的生员）作保，才能参加考试。试期多在二月，考四到五场，内容有八股文、诗赋、策论等，考试合格后才可应府试。

　　府试由知府或直隶州知州、直隶厅同知主持，考试内容和场次与县试相同，试期多在四月。府试合格方可参加院试。

　　院试又叫道试，由主管一省诸儒生事务的学政主持。院试合格后方称"秀才"，才可进入官学和正式参加科举考试。

　　《促织》中言："邑有成名者，操童子业"。"操童子业"，即未取得秀才资格，没有功名，还算不上读书人。有些读书人要经过多次尝试才通过最基本的县、府试成为童生。亦有人得到童生的身份后，院试多次落第，到了白发苍苍仍称"童生"者大有人在。清道光年间广东曾经有七十岁童生参加院试的纪录。

明清的科举考试分为四个级别，最低的一级就是上面提到的取得秀才资格的院试，然后是乡试，这是省一级的考试，考中的就成了举人。再高一级的是会试，由礼部主持，考中的叫贡士，如果能考过这一关，就有资格参加最高一级的考试，也就是殿试。殿试又叫廷试，由皇上亲自主持。凡能通过殿试的，最起码也能捞个进士。如果考中前几名，不仅能得到高官厚禄，还可以名扬天下。

高中秀才

十四岁那年，陈廷敬"赴试潞安府，以童子第一入州学"。潞安府的考试属于院试。院试的考场设在山西省学政的驻扎衙门，俗称"考棚"，或称"贡院"。

考棚又叫"号房"，是一间一间的，考生每人一个单间，作为专供考生在贡院内答卷、吃饭兼"宿乡试考生休息舍"。贡院里的监考很严，考生进入贡院时，要进行严格的搜身，以防考生的身上藏有"夹带"。当考生进入考棚后，就要锁门。考生们参加考试期间，"吃喝拉撒睡"皆在"号房"内，不允许出来，直到考试结束。

据《钦定大清会典事例》记载，考棚有堂，上设公座，堂外甬道东西两侧设考案，以《千字文》横列编号，每额悬粉牌一面，大书某字号，悬灯于上。考案前后左右相距两尺，案脚用长竹编结，以防移动，案上贴纸，上写某生几号，相当于现今高考中考生的考场和考号。

院试分两场，第一场为正场，第二场为复试。陈廷敬这次的考试内容和前明大同小异，清初用《四书》文、《孝经》论各一篇，后因《孝经》题少，又从《性理》《太极图说》《通书》《西铭》《正蒙》中命题。后来规定，正场试《四书》文二、诗一，复试《四书》文、《小学》论、诗各一。这一时期还没有经文考试，直到雍正初年的时候，科试才加上

了经文。不过即便考经文，陈廷敬也不担心，因为他的经学已经很有功底了。

　　各府（州、厅）的考期，按惯例都是由学政悬牌公布，陈廷敬和众多考生必须在考试那天卯时（相当于上午5至7点钟）到考棚门口集合，点名进场。在点名簿中，每人名下详注籍贯、年岁、面貌、三代履历，并由认保廪生保戳，或须亲笔签押，较府、县试更为慎重，以防冒考、顶替等情况。点名时，认保廪生依次排列在学政两旁，如发现冒考，便当场揭发查实究办。这些防范措施做到了最大化避免考试不公，真是值得赞赏。

　　此外，若确系本人领卷的，在唱某人时，认保廪生则须自报其名，应某人保，方能入场。考生入场时所携带的笔墨、食物等都须经过检查，以防夹带，唯有诗韵按规定可以带入。

　　陈廷敬带着考试所需的一切物件进入考场。属于他的号房十分狭窄，只有上下两块木板，上面的木板当作写答卷的桌子，下面的当椅子，晚上睡觉将两块板一拼当床。考棚里还为考生准备了一盆炭火、一支蜡烛。炭火既可以用来取暖，也可以用来做饭。考生考试期间与外界隔绝，吃饭问题得由自己解决。监考官，只监管考生是否有作弊行为，至于考生在号房里吃喝拉撒睡，监考官一概不管。

　　考生入场时发给试卷，各人按卷面钤印的座位入座。入场完毕，大门、仪门封锁。堂上击云板后，考场立即肃静。如果考生人数多，则不发给题纸，而将题目粘于木牌上，派差役执题目牌在甬道上来回行走，使考生自看题目。若视力有缺陷的考生，可在原位起立，请考官将题目高声朗诵二三遍。

　　陈廷敬准备充分，不慌不忙，仔细审题，不急于作答，而是反复思考，直到思路贯通才开始作答。巳时（9至10点），二门上击鼓三声，许饮茶水、上厕所一次。未时（下午1至2点），大门外击鼓三声，堂上巡绰官击云板三声，并高呼："快誊真！"申时（下午3至4点），大门外再次击鼓，堂上击云板。在考试过程中，有兵丁严密监视，如有移席、换卷、丢纸、说话、顾盼、吟哦等情况，一经发现，即予查究。每场考试在当日天黑时交卷，不许继烛。答卷继草稿都须楷书端正。

第一次开门，称为放头牌，将第一批交卷的考生放出。陈廷敬等少许人就是在放头牌时出的考场。隔一段时间，再放二牌、三牌，以至天黑终场。交卷时，考生将卷面写有本人姓名的浮签揭下，记明自己的座号。受卷官每收一卷，发给一牌，出场时，收一牌，放一人。学政阅卷录取，只凭座号招覆图案。经两场考试后，被录取的卷子均须铃盖学政关防，发交提调官拆出卷后编号，经核对与编号册姓名相符，然后填榜发案，录取第一名的，称为"院案首"。

院试录取名额，按各地文风高下、钱粮丁口多寡而不同。清初，将府、州、县学分为大、中、小三类。顺治四年（1647年）规定：大府40名，中州30名，小州县20名。后又规定：大府20名，大州、县15名，小州、县4名或5名。以后又屡有变动。若遇皇帝巡幸、登基、万寿（生日）等情况，还会增加名额。

院试录取的新生，每人必须填写亲供，也就是写自己的年龄、籍贯、三代履历，并要注明身材、面色、有无胡须等，由各属教官审核并盖上印鉴后，汇送学政。学政在贡院大堂召见新生，并行簪花礼，最初发给新生每人红花一朵（指犒赏钱物），后来不发赏物仅点名而已。留县的称"县学生员"，入了府学的称"府学生员"。学政公布的各府、州、县的新生名单，称为"红案"。

陈廷敬接到府、州、县学政发下的名单后，和其他通告新生于某日雀顶蓝袍，齐集官署大堂，设宴簪花，并由各府、州、县官率领，到文庙拜谒了孔子，到学宫明伦堂拜见学官。至此，陈廷敬才算正式入学了。在府、州、县学的学宫中，都有一个半圆形的水池，称为"泮水"，所以也称府、州、县学为"泮宫"，称入学为"入泮"。因为《诗经·鲁颂·泮水》中有"乐思泮水，薄采其芹"诗句，故又称"入学"为"采芹"。清沿明制，称院试录取入学的人为"生员"，又称为"附生"，俗称"秀才"。

由此可见，秀才非常不好考，比现在的高考难度都要大。陈廷敬能够取得秀才资格，不仅可以在仕途上有所进步，在地方上也可获得尊

重，具有一般人所未有的特殊权益，比如，他可以免除徭役，见到知县可以不下跪，地方不能随意对其用刑等。正因如此，秀才在老百姓与官府之间起着纽带和桥梁作用。同时，因为秀才"知书识礼""博学多闻"成为活跃民间的特殊阶层。很多秀才一生未能考取功名，只能以开私塾教书或做幕僚等方法为生。这部分人极为广泛，因为经济并不富裕，且具有普遍性，也被人们戏称为"穷秀才"。

这次潞安府考试还有个有趣之处，就是陈廷敬和他的父亲陈昌期父子二人同时参加了考试，而陈廷敬的成绩却比他的父亲要好很多。据陈廷敬回忆："应童子试于潞州，光禄公（陈昌期）为诸生，父子皆试于学使者。学使者莱芜张公问知余能诗，独不试诗，诗五经义，立就。曰：'吾与子冠诸童子。'"

陈廷敬通过了院试，成了秀才，这样他就可以入府学深造了。

京城赶考

顺治十一年（1654年），陈廷敬十七岁，他赶赴太原参加了乡试。不料这一次却折戟沉沙，发挥失常，竟然未中，心有不甘地返回家乡。但他没有气馁，其后一年他便在潞安府学和家中刻苦学习，期待下次科考。

顺治十二年（1655年）十月，陈昌言病故了，终年五十八岁。这位陈氏家族第八代最优秀的领路人离世，他的儿子陈元陷入了深深的痛苦之中。

顺治十三年（1656年）五月初八日，19岁陈廷敬当了父亲，他的长子陈谦吉出生了。

顺治十四年（1657年），刻苦学习的陈廷敬再次参加乡试。乡试每三年举行一次，因其在秋季举行，故又叫秋闱。乡试由进士出身的各部官员或翰林主考，由各省行政长官担任监考官。乡试分三场，内容是八股文、试帖诗、表、判、论、策等。试卷要由专人誊写后才交给考官，以防作弊。确定了及格的名单后才会张榜于巡抚衙门前，此时正值桂花飘香，所以此榜也叫桂榜。

这一次陈廷敬胸有成竹，文章写得滴水不漏，毫无悬念地中了举人。时年20岁。14岁中秀才，20岁中举人，陈廷敬终于不负众望，成为家族的骄傲。究其原因，除了陈廷敬自身的努力之外，还和其文化世家的背景和父辈的影响分不开。

陈廷敬中举，在当时是一种士人的身份，等级在"生员"之上，雅称为"孝廉"，俗称"老爷"。中了举人之后，也意味着一只脚已经踏入仕途，日后即使会试不中也有作学官、当知县的机会。吴敬梓小说《儒林外史》里的范进，空有学问却贫穷，被人瞧不起；一旦中举，亲戚邻里都去奉承他，连张乡绅也去攀世交、送银送屋，就因为举人不仅取得赴会试的资格，而且也算是有了做官的"正途出身"。

陈廷敬中举后，族人为他在中道庄修建了功名牌坊。这座牌坊是陈氏家族科举和仕宦兴旺发达的标志，从这一刻起，这个家族开始走向科甲鼎盛、簪缨满门的佳境。

按照惯例，陈廷敬考中举人后，第二年春天必须进京参加会试，也就是考进士，而参考的旅费都是由政府发给的，称为"公车"。会试由礼部主办，在京城的贡院举行，一般在乡试的第二年，也就是丑、辰、未、戌年。由于多在农历二三月举行，所以又称"春闱"。

陈廷敬参加的会试属于国家级别的大考，被录取之后，就成为"贡士"。他必须再参加最后一道大考，即经皇上亲自监考的这级考试，也叫"殿试"，考中者才能成为进士。至此，整个科考才算画上圆满的句号。

顺治初年，清政权根基未稳，急需大量的人才，尤其是通过国家科考体系上来的青年才俊更受清政府的钟爱。所以，清政府除了三年一科外，还经常增加恩科，有时候几乎连续两三年都举行会试，让天下的学子莫不欣喜万分。

顺治是个刻苦学习、励精图治的帝王。他曾说："朕极不幸，五岁时先太宗早已晏驾，皇太后生朕一身，又极娇养，无人教训，坐此失学。年至十四，九王（多尔衮）薨，方始亲政。阅读诸臣奏章茫然不解，

由是发愤读书。每晨牌至午，理军国大事外，即读书至晚，然玩心尚在，多不能记。逮五更起读，天宇空明始能背诵。计前后读书读了九年，曾经呕血。"这是实情。他曾在座右自书"莫待老来方学道，孤坟尽是少年人"以警策自励。他博闻强记，耽爱诗赋戏曲，每于绝妙辞章，赞赏不已。但他并未忘记君主的身份，对经书也下了不小的功夫。他尤善于思索，学以致用。大量的汉文典籍对他影响极深。在研读典籍中，他对孔子、朱元璋以及朱由检发生极大兴趣。从这几位人物的思想活动中，悟得了治国安民的道理，形成了他的治国思想。他很想有一番作为。所以，他对科考十分重视，希望招揽到适合自己所用的人才。所以，顺治对在京城举办的会试和殿试十分重视。

会试的主考官，在明朝多以翰林官充当，明末又多以内阁大学士担任，清朝称主考官为大总裁，由内阁大学士或六部尚书充任。清朝新录取的贡士，在殿试之前还必须进行一次复试，复试结果，按成绩分为一、二、三等，这个等级对于以后授予官职有很重要的关系。

殿试在四月份举行，名义上由皇帝亲自主持。此外还要任命阅卷大臣、读卷大臣，协助皇帝评阅试卷。明清两朝的殿试都只考策问一场，不考八股。殿试考中的称为"甲榜"。按照清朝制度规定，殿试以后还要进行一次考试，叫"朝考"。殿试的状元、榜眼、探花不再参加朝考，朝考的第一名叫"朝元"。举人考上进士大约只有百分之五的机会，但这是陈廷敬通向高官之路的唯一机会，很多举人走的也是这条路。

陈廷敬是幸运的，然而他的堂兄陈元就不同了。陈昌言逝世后，其子陈元遵制守孝三年，未能参加顺治十五年（1658年）举行的会试。明清科考制度规定：父母之丧服未满而出应试者称为"匿"。若被人检举，即除名扣考，而廪保要受处分。廪保与童生一般是同乡或有亲戚朋友关系，对童生了解的很清楚，才敢给予具结签花押。所以，学识渊博的陈元没能参加这次会试。

顺治十五年（1658年）春，陈廷敬独自一人跟随其他举人如期来到北京参加了会试，本来不被寄予太多希望的这次考试，他竟然发挥出色，荣登金榜，着着实实地光宗耀祖了。

登进士第

按照惯例，陈廷敬先是在紫禁城内的保和殿应试。试毕，又在保和殿（清代殿试之处）应殿试。殿试只考策问，陈廷敬等人自黎明入，历经点名、散卷、赞拜、行礼、殿试等礼节，然后颁发策题。

陈廷敬的制策题目并不复杂，只是时务策一道，题长二三百字，所询一二事；策文不限长短，一般在2000字左右，起收及中间的书写均有一定格式及字数限制，特别强调书写，必须用正体，即所谓"院体""馆阁体"，字要方正、光圆、乌黑、体大。从某种角度来看，一笔好书法往往比一篇好文章还重要。

殿试只有一天，陈廷敬不敢托大，直到日暮才交卷。所有的试卷经受卷、掌卷、密封等官收存。至阅卷日，分交读卷官八人，每人一桌，轮流传阅，各加"○""△""\""1""×"五种记号，得"○"最多者为佳卷。而后就所有卷中，选○最多的十本进呈皇帝，钦定御批一甲前三即状元、榜眼、探花，一甲三人称"进士及第"，又称"三鼎甲"。二甲若干人，占录取者的三分之一，称"进士出身"，二甲的第一名称传胪。三甲若干人，占录取者的三分之二。最后由填榜官填写发榜。一甲三人立即授职殿试的策卷，状元授翰林院编修。二、三甲进士如欲授职入官，还要在保和殿再经朝考次，综合前后考试成绩，择优入翰林院为庶吉士，即俗称的"点翰林"，其余分发各部任主事或赴外地任职。

根据《清朝进士题名录》记载，顺治十五年的会试，共取进士三百四十二名，其中一甲三名，二甲八十名，三甲二百六十名，而陈廷敬幸运上榜，名次排在三甲第一百九十五名。这个名次并不高，排在陈廷敬前面的人很多都成为清朝大名鼎鼎的人物。

进士是古代科举殿试及第者之称，意为"可以进授爵位之人"，此称始见于《礼记·王制》。进士是功名的尽头，就算是对名次不满意亦不可以重考。从隋朝举行第一次科举考试开始算起，到1905年废除科举，在近1300年的时间里，进士都是中国政治的主角。仅仅靠接受正统的儒学教育培养出来的文人学士们，来维持一个庞大帝国的有效运转，这个现象在中外历史上都可以算是绝无仅有的了。

第三章 百川汇海

获得进士资格之后的陈廷敬，并不意味着马上就可以得到一个满意的职位，能够走马上任，而是需要等待朝廷的任命，而朝廷选任官员往往又是通过大臣的举荐进行的。

所谓的举荐大臣，主要指的是三四品以上的官员们，而且很多情况下朝廷规定有权举荐的都必须是京官。考中进士之后，等待被举荐并任用的过程叫"释褐"。所以，每个考中进士的人并不是像影视剧里表现的那样，马上就可以高高兴兴地回家向乡亲们夸耀去了，而是要赶紧在京城进行大量的社交活动，比如拜恩师、认老乡、认长辈、攀亲戚等，通过这些明里暗里的公关活动将自己的见识与才干展示给有资格举荐的大官们。这些大官一言两语的点评顷刻间就能让一个进士平步青云，如果没有这样的"恩师"提携，结果就不好说了。历史上考中进士却做不上官的人比比皆是，比如著名的诗人杜甫、李商隐都考中进士了，但是因为囊中羞涩，没有足够的钱在长安交际，请不起客，所以一直仕途不顺。

陈廷敬等人因为顺治政权急需人才，所以直接便步入仕途。当时进士的出路分为三等：一等者，一甲三名直接入翰林院，状元授职修撰，榜眼、探花授职编修；二等者，从二甲、三甲进士中挑选若干人，再经过考试，确定为庶吉士；三等者，也就是庶吉士落选的其他二甲、三甲进士，被授予知县、主事等职。

进士科发榜后，陈廷敬在京城援例会拜访一些著名学者、文坛前辈、政府要员等，请求指点，也会和同窗一起吟诗赋文，真是"春风得意马蹄疾，一日看尽长安花"。这些天之骄子们神采飞扬，酣畅淋漓地抒发着他们心花怒放的得意之情。

庶常求知

放榜后的二十天，再传喜讯，顺治皇帝发布了上谕："朕惟庶常（庶吉士）之选，所以储备人才，允宜慎重，故详加简阅，亲行考试，兹取马晋允、杨正中……山西泽州人陈敬……熊赐履、熊赐玛、李天馥……直隶通州人陈敬等三十二人俱为庶吉士，即传谕吏部遵行。"从这里可以得知，山西陈敬和直隶陈敬终于遇到一起了，还都被选为庶吉士。就这样，陈廷敬成为陈氏家族的第三位进士、第一位庶吉士。

庶吉士，亦称庶常。其名称源自《书经·立政》篇中"庶常吉士"之意。是明、清两朝时翰林院内的短期职位。由科举进士中选择有潜质者担任，目的是让他们可以先在翰林院学习，之后再授各种官职。有点类似于今天高校的见习生或研究生。庶吉士一般为期三年，期间由翰林院经验丰富者为教习，授以各种知识。三年后，在下次会试前进行考核，称"散馆"。成绩优异者留任翰林，授编修或检讨，正式成为翰林，称"留馆"。其他则被派往六部任主事、御史，亦有派到各地方任官的。明代的翰林为政府储材之地。英宗后有惯例：非进士不入翰林，非翰林不入内阁。故此庶吉士号称"储相"，能成为庶吉士的都有机会平步青云。清朝时汉人大臣中，亦多出于翰林庶吉士。所以，成为庶吉士就是拿到了取得高官厚禄的通行证。

根据《庶吉士进学条规》记载，庶常馆的学习生涯与书院、学校十分相似，而庶吉士与学生无异，只是身份较高，待遇较好而已。庶常馆既有平时授课，即"简命教习，凡有教诲，满汉诸士必恭敬受听"，又必须完成作业，"每月作课四篇，文二，诗二"，必须"清晨入馆，申时乃散"，不能迟到早退，还要"每月赴内院考试"，以便定期考核，而且还会遇到由顺治亲自主持的考试。这个学习制度和我们现在的研究生学习很像，其难度却更高。馆内的老师也称教习，或者馆师，都是皇帝直接挑选任命的，其目的就是按照自己的意愿培养出适合自己使用的官吏。顺治一朝的教习，都是学识渊博翰林院学士以及掌院学士充任，这些人都是顺治信任的得力干将，担负着教育、训练新生的重任。

顺治很重视庶吉士的培养，不仅亲自督导庶吉士的学习和考试，而且还经常和庶吉士谈谈心，仿佛教授带研究生一般。陈廷敬在庶吉士深造期间，表现卓越，其优异的成绩让他鹤立鸡群，深得顺治皇帝的赏识。

在争取汉人，提高汉官权力、重用汉官方面，顺治进行了大胆的尝

试和努力。他早已感觉到满汉和谐对维系统治的重要性，因此决心改变"各衙门奏事，但有满臣未见汉臣"的现象。他曾谕内三院："嗣后凡奏进本章"，要"满汉侍郎、卿以上参酌公同来奏"，以达到满汉的"一心一德"。 顺治对汉人官员的信任政策，确实反映了他的勇气与魄力，但他始终也未改变清廷"首崇满洲"的既定国策，一到关键问题上他又总是保护满人。他对维护满洲贵族利益的五项政令，不仅从来不予触动，反而一再重申要坚持满洲的衣冠服饰，不许放宽逃人之令。顺治为不"苦累小民"，多次免除一些省份的土特产贡品，并一再蠲免受灾地区的钱粮，以休养生息。但同时为解决燃眉之急，他还准许富绅捐官，甚至一再批准在某些地区征收练饷、辽饷。这类互相矛盾的现象，曾不断出现。尽管实际上满族大臣总是压制汉臣，难以完全做到公平，而且顺治对汉官的态度也总有反复，但他提高汉官权力的思想和行为却有所进步。

比如，顺治谕吏部："向来各衙门印务，俱系满官掌管，以后各部尚书、侍郎及院寺堂官受事在先者，即著掌印，不必分别满汉。尔部即传谕各衙门一体遵行。"这是破天荒的决定，不论实际执行情况如何，汉官权力地位有了明显提高。他还一再要求满汉官员和衷共事，不可窝里斗，"凡会议政事，原应满汉共同商榷，斟酌事理，归于至当"，"不拘满汉皆可具稿"，不许"满汉两议"的现象再出现。正因为落实满汉和谐的政策，需要许多忠心耿耿的汉人，这些庶吉士中的佼佼者就会得到顺治的格外关注。

陈廷敬在庶吉士期间，除了熟读"六经"之外，还需研习文史诗赋。"圣贤之道具在六经。旧例诸士入馆后，本经之外别治一经，必须熟读背诵，与同经者讲究，务求实有心得"。

从以上要求可以看出，庶常馆与一般的书院并无太大差别，但治学甚严。有学者认为，庶吉士是清朝科举制度的完善和延续，可以将其看作是"中国自己的研究生制度"的起源。这样得天独厚的学习环境，对于一心治学的陈廷敬来说，无疑是千载难逢的机会。他发奋苦读，向普天下最有学识的来自于翰林院的教习们虚心求教，个人学识提升的很快。

众多风华正茂、才气横溢的年轻人聚在一起很快就有了共鸣，陈廷敬结交了许多同窗好友，同年状元孙承恩、探花吴国、同年进士熊赐履、李天馥等人先后成为他的知己。这些人知识渊博，在某个方面甚至还超越了他们的教习，长期相处，共同探讨交流，陈廷敬受益匪浅。陈廷敬每天与这些人吟诗作文，切磋文章，极大地提升了他的视野和分析、解决问题的能力。

第四章　潜龙藏渊

　　顺治忽然驾崩，年幼的康熙继位了；陈廷敬结束了三年的庶吉士学习，被授予检讨一职，可是他为了照顾生了重病的母亲，不惜冒着耽误晋升的风险请了三年探亲长假；待他重返帝都时，康熙和鳌拜之间的斗争已进入不可调和的地步……

顺治赐名

　　顺治十五年（1658 年）十二月，陈廷敬遇到人生中的一个大麻烦，那就是同名同姓带来的尴尬。前文已提及，陈廷敬这一科进士所选的庶吉士中有两位陈敬，一个是通州陈敬，一个是泽州陈敬（也就是陈廷敬）。

　　在庶常馆学习期间，陈廷敬学习刻苦，成绩优秀，但是通州陈敬却不思进取，整日里走门路、拉关系，将精力放在公关上，为此，多次受到老师的批评。在第一年的期末大考中，顺治给通州陈敬下了一个警告处分：庶吉士"俱经简拔，特命学清书（满文）以备任用，自当尽心肄业。今加考试，肖惟豫、王子玉……陈敬、熊赐履、宋得宜清书惧未习熟，所不惩罚，何以励其将来，罚俸一年。"

　　上谕一出，许多人都以为是风头正盛的泽州陈敬犯了错，有的人还来信质问他，后来才知道搞错对象了，弄的陈廷敬很狼狈，无缘无故掉了很多粉。

陈敬被罚俸的上谕发布之后的第十九天，即顺治帝十六年（1659年）正月十三日，陈廷敬忽然想到一个绝妙的主意，他向顺治帝奏请："允庶吉士陈敬奏请，更名陈敬，以与直隶通州陈敬同名故也。"此时两个人已经做同学大半年之久，关系一直很一般。直到通州陈敬被罚后，陈廷敬才感到诸多不便，他便申请改名。这表明他担心自己的名声受损，也怕引起不必要的误会，所以提请顺治帝给他改名。

顺治斟酌了一下，欣然提笔给他的名字中间加上一个"廷"字，自此，泽州陈敬便镀上了金身，成为陈廷敬。这个"廷"字加的妙，极有朝廷恩典，又有廷臣之意，更有国家肱骨之意。有了皇帝御赐的名字，陈廷敬更加积极向上了，他用心揣摩学问和处世之道，并随时向顺治汇报自己的思想动态和学习成绩。

到了第二年十月，通州陈敬又被取消学习资格，直接被庶常馆革退，原因是"陈敬习学清书日久，文义荒疏，足见平日全不用心，殊不称职，俱著革退，永不叙用。"那个时代没有照片，单看名字不知道是哪一个，幸好陈廷敬已经改了名字，换了马甲，他的新名字早已被众人熟知，不会再闹出笑话了。

顺治十六年，陈廷敬有机会和大宗伯龚端毅公以诗会友，王士祯、刘体仁、董文骥等人均相见于词场。陈廷敬拿出自己写的诗呈给龚公。龚公读了之后，大惊，对王士祯说："此公异人也。"

当时陈廷敬只有二十二岁，其文章真是气吞山河，文采过人，令在场众人无不传阅细看。自此，陈廷敬成为京城词场的红人，经常和诗词大家畅游，据说他的文采已岿然揽古文魁柄，自立标望，抗前行而排后劲，嗫锋踣坚，腾踔万夫之上。面对这么多的点赞，陈廷敬不敢得意忘形，他深感龚公知己之言，继而年少志锐，雅不乐以诗人自命，至是始学为文。据此，龚公预测他以后会成为非常有成就的人。

随着个人文学作品的积累，陈廷敬这一时期的作品开始刊刻，据记载："《参野诗选》五卷，清泽州陈廷敬撰，无刻书年月，约康熙年间刊。此为编年诗，起戊戌（顺治十五年）止壬寅（康熙元年）。"这是迄今为止发现的陈廷敬最早的诗集，收入的都是他在庶常馆学习期间以

及前后一两年的作品，表明他在庶吉士求学期间的学习成果非常多。

因为优异的表现，在庶吉士未散馆前，陈廷敬就担任了会试同考官，着实令众多年轻才子羡慕不已。

就在同一年，朝廷"以云、贵荡平，命令秋举会试"。陈元如愿参加了会试，也考取了进士，入选为翰林院清书庶吉士，成为陈氏家族的第四位进士。兄弟俩在京城汇合了，两个人有说不完的话，以前是陈元领着陈廷敬前行，现在却是陈廷敬领着陈元前行了。

可惜造化弄人，同年九月二十八日，陈昌期之母范氏死了。陈元以长孙"乞请奔还承重"，守制期间，竟然不知何故，患了重病，年仅三十一岁就死了，而且没有留下子嗣。自此，陈昌期兄弟三支人，其余两支皆绝，只剩下陈昌期一支。

陈昌期一生子嗣旺盛，共生八子，陈廷敬排行老大，其刻苦攻读，不畏艰难，考取进士，京城做官，为族人做了表率。此后，陈氏家族的子弟们均发奋读书，以考取功名为毕生目标，终于成就了清朝历史上传奇般的进士家族。

洁身自好

顺治对官员的控制十分明显，不许结党结社，不许太监预政。他鉴于明末士人结党、太监干政的祸国，多次严令"内外大小官员，各宜恪守职掌，不许投拜门生。如有犯者即以悖旨论罪"。他认为投拜师生即为结党，后竟定为不赦之罪。他严禁私交、私宴，他认为如此行事便可以"永绝朋党之根"。在他的干涉下，京城里的新科进士和各部官员均不敢明目张胆地拉帮结派。顺治下令禁太监预政，设十三衙门专为"宫禁役使"，"不许（太监）干涉一事，不许招引外人，不许交结外官"，"如有内外勾结"，"审实一并正法"。此外，顺治还严厉惩处"贿买关节，紊乱科场"的考试作弊行为，屡兴科场狱案。

顺治还大力澄清吏治，严惩了一些贪官，如首先迎降的恭顺侯、漕运总督吴维华，贪一万余两，虽因有功免死，却"革职，永不叙用，赃追入官"。

陈廷敬在就读庶吉馆期间，顺治三令五申告诫大小官吏不可贪赃枉法，但收效甚微，贪赃枉法者仍然接连不断。顺治寄予最大希望的耳目官巡方御史也接连以身试法。如顺天巡按顾仁出巡前，被顺治两次召见，谕其"洁己率属，奠安民生。若不法受贿负朕委任，则不拘常律，虽赃数无多定行正法"。可他到任之后即悖旨贪婪，索取贿赂，陷害无辜，造成受害人冤抑难申刎颈叩阍这轰动一时的大案。此事对顺治震动很大，他除了杀掉顾仁并处罚与之相关连的人等外，还下令："贪官蠹国害民，最为可恨。""嗣后内外大小官员凡受赃至十两以上者，俱籍其家产入官。"立法不谓不苛刻，但仍然止不住贪官恣肆。

此外，顺治很赏识的原巡按御史刘嗣美也因"监守自盗"被流放。江南按察使卢慎言"贪赃数万"被处极刑。面对"贪习犹未尽改"的现实，顺治愈加恼火，他下令："今后贪官赃至十两者，免其籍没，责四十板流徙西北地方。""衙役犯赃一两以上者流徙。"于是有的大臣上奏认为此法"过重"，致使"人犯抵死不招"。刑部等衙门也会议奏请"今后衙役亦照官律拟罪"。

顺治仍不以为然，他说："与其畏法不招，何若使其畏法不贪！""朕明知立法既严，于贪官蠹吏有所不便，必怀怨心，但轸念民生，即为贪蠹所怨，亦不遑恤。若不如此，贪风何由止息！"所奏与所议"俱属不合，著严饬行！"

顺治非常欣赏与佩服朱元璋诛戮大臣、以重法治世的经验。他惩贪决心坚定，无奈事与愿违，惩贪与澄清吏治的其他问题一样，可是终顺治一朝，也未能解决好。

陈廷敬对贪官深恶痛绝，在他的文章和平时的讨论中都经常提及，顺治恰恰也认为"治国安民首先严惩贪官"，可谓是合了节拍。陈廷敬洁身自好，也因为京城可以倚靠的资源太少，他本人也不想沾染上拉帮结派的恶习，所以在庶吉士期间，除了跟紧顺治和向教习求学外，从不与他人私交。这样的学子不多见，陈廷敬的品性深得顺治的肯定，在顺治心中留下了好印象。

在陈廷敬的叙述中有类似的词句："与承恩等三人读书翰林中，上尝幸景山、瀛台、南苑，辄召以从，赐坐，延问如家人。"可见，还没毕业前，顺治这位导师经常和陈廷敬谈话，赞扬他的学习成绩，并且还和他唠唠家常，足见对他的首肯，前途不可限量。

在顺治一次次关怀庶吉士学习的过程中，他的惩治贪官的理念深深地植入陈廷敬的心里，对这些上利于国家社稷，下利于平民百姓的反贪之举，他格外神往，并极力助推。陈廷敬对顺治十分忠心，这影响到他的就业观，他希望毕业后能留在京城。按照现在的观念，留在北京做个小吏远远不如去地方上做个知县、知府来得实惠，其实这个观念是错误的。从陈廷敬后来的仕途来看，成为庶吉士远比授一个地方官有利的多，因为起点高了。这个问题的根源还得从翰林院和翰林说起。

顺治元年（1644 年），清承明制设翰林院，主要掌管文学之士，其实就是储备和培养干部的"黄埔军校"。翰林院规定为正三品衙门；当时未设满员，仅有翰学士一人，侍读学士一人，侍读侍讲各二人，修撰、编、检无定员，次年并入内三院，即"内翰林国史院""内翰林秘书院""内翰林弘文院"。

顺治十五年（1658 年），顺治为加强皇权，改内三院为内阁，又另置翰林院，设汉满学士各一人，初为正三品，后升为从二品，均兼礼部侍郎衔，并增设侍读学士、侍讲学士，侍读、侍讲、修撰、编修、检讨等员各若干人，都统称为翰林。

明清两朝，只有进入翰林院当了翰林，仕途才广阔，就好比取得了博士学位之后，被单位重用一样。翰林虽然属于词臣，没有军政大权，也没有实权，但是要出任各部重要官职的，还大多非翰林出身不可。整个清朝汉人大学士有一百一十九人，其中翰林出身的就有一百零一人。吏、礼两部尚书、侍郎几乎就是翰林的对口分配单位。有了翰林这层金身足以走遍天下，即便是派到地方，也是布政使、按察使，足见其身价之高。

翰林院里排在末位的编修、检讨等职，虽然与知县同为七品，但地位却大不相同。编修、检讨见到各省的总督、巡抚等大员，都是平起平坐，而知县见到总督、巡抚必须称"卑职"，言必呈秉。虽然看上去有些不公平，但是翰林身份就是这么值钱，因为皇帝推崇翰林院。

所以，成为翰林或者庶吉士都是相当于获得了国家给予的高贵身份，相当于拥有了贵族头衔。庶吉士不是真正的翰林，而是"准翰林"，散馆后，大部分人要授予编修、检讨等官的，等于提前预定了各大机构常委班子主要成员职位。所以，当时的文化圈称翰林为"玉堂仙"，称庶吉士为"半仙"，也就是快要成仙了。

陈廷敬经过三年庶吉士的学习，为他日后的步步高升打下了基础，这与他从庶吉士进入翰林院有着密切的关系。入选翰林院称为"点翰林"，是非常荣耀的事情。翰林，即文翰之林，翰林学士不仅致力于文化学术事业的传承，更踊跃参与国家大政方针的研讨，和皇帝一起共议朝政。由科举至翰林，由翰林至朝臣是科举时代所有士大夫的毕生追求。

受任检讨

顺治十七年（1660年），大清皇帝顺治出现了情感失衡——不爱江山爱美人。

顺治为情所困，起因就是董鄂妃之死让他陷入了无法摆脱的困惑之中，心灰意冷到了极点。这时只有佛学理论使他还有所寄托，于是他萌生出家之念。

大约在九、十月份之交的时候，顺治意图出家，并由茆溪森剃度成了光头天子。

十月十五日，茆溪森本师玉林琇奉诏到京，闻其徒已为皇帝剃发，遂大怒，即命众聚柴薪准备烧死茆溪森。玉林琇比茆溪森明智得多，他接近皇帝宣讲佛法，目的是希望皇帝以至高无上的权威，发挥护法作用，他决不希望皇帝出家而使佛信徒无所依靠。这点他与当时的另一高僧木陈忞的态度是一致的。因此他劝顺治说："若以世法论，皇上宜永居正位，上以安圣母之心，下以乐万民之业；若以出世法论，皇上宜永

作国王帝主，外以护持诸佛正法之轮，内住一切大权菩萨智所住处。"顺治终于听其谏，许蓄发，罢出家之念。茆溪森因以免烧，当月便离京南还。顺治虽然断绝了出家的念头，但精神振作不起来。这位多情的皇帝再也没能恢复到原先的状态。

面对着日益憔悴的顺治，陈廷敬自然焦虑万分，他多次委婉谏言，却没有丝毫效果。陈廷敬知道，顺治自亲政伊始，曾雄心勃勃，力图振兴国祚，实现满汉一家亲，但力不从心，致使皇帝和八旗旧部之间矛盾重重，他已疲惫不堪了。在董鄂妃未薨前，他曾对木陈忞说："老和尚许朕三十岁来为祝寿，庶或可待。报恩和尚（指玉林琇）来祝四十，朕决候他不得矣。"他已自觉骨瘦如柴，体力不支，难以"挨得长久"到四十岁，顶多勉强可以活到三十。董鄂妃崩后，他的精神支柱轰然坍塌，已觉不久于人世，再也无力支撑这座辉煌的帝国大厦了。

顺治十八年（1661）正月初二，顺治安排他最宠幸的太监吴良辅出家为僧。这天他亲临悯忠寺观看吴良辅出家仪式。

据《清史》记载，归来的当晚，顺治便离奇地染上天花，发起高烧来。他预感病体沉重，势将不支，初六日深夜急召礼部侍郎兼翰林院掌院学士王熙及原内阁学士麻勒吉入养心殿，口授遗诏。当夜，年仅二十四岁的顺治便与世长辞了。王熙、麻勒吉二人退至乾清门下西围屏内，以初七一天的时间撰拟。"凡三次进览，三蒙钦定，日入时始定。"

顺治晏驾后，麻勒吉及侍卫贾卜嘉二人"捧诏奏知皇太后，即宣示诸王贝勒贝子公大臣侍卫等"。遗诏立八岁的皇三子玄烨为皇太子，继帝位，命索尼、苏克萨哈、遏必隆、鳌拜为辅政大臣。

顺治的遗诏实为罪己诏，共给自己罗列十四条罪过，主要是未能遵守祖制渐染汉俗，重用汉官致使满臣无心任事，几乎完全否定了他自己一生中最有光彩的政绩。至于这是否真的出于顺治本意，即这十四条他是否过目批准的已无从知晓，但却留给了后世之疑：遗诏公布前先"奏知皇太后"；遗诏的主要起草者王熙事后对此守口如瓶："一不以语子弟，世遂莫得而传。""面奉凭几之言有事关国家大计，与诸大臣再三密议而后决者，公终身不以语人，虽子弟莫得而传也。"因此，人们有理由说"遗诏本出太后（福临生母博尔济吉特氏）授意，实为母责其子之言"。但不论怎么说，顺治一死，他的丰功伟绩便被彻底否定了。

顺治崩后，梓宫厝于景山寿皇殿。四月十七日，由再次进京的茆溪森秉炬，举行火化仪式。茆溪森的偈语云："释迦涅槃，人天齐悟，先帝火化，更进一步。大众会么？寿皇殿前，官马大路。"

火化后宝宫（骨灰罐）安葬于遵化马兰峪，是为孝陵。庙号世祖，谥号章皇帝，后世累有尊谥，至乾隆元年尊谥加为二十五字：体天隆运定统建极英睿钦文显武大德弘功至仁纯孝章皇帝。

不管顺治有多大的成就，他的使命就此完结了。顺治驾崩后，年幼的康熙继位了。这个年龄尚小的皇帝根本就不能掌控朝政，大清朝的走向一片迷蒙。

顺治十八年（1661年）五月，庶吉士陈廷敬在馆授课三年期满时，由学院学士奏请定期散馆，即如当今的毕业考试。其考试内容，初为五言八韵或十韵诗及策论各一篇，不出论题则用时文。届时，由满汉教习学士引领庶吉士等，行三跪九叩之礼。礼、吏部官散卷，庶吉士等恭领钦命试题。完卷后，吏部官员收卷呈进，钦定甲乙，引见后分别除授。如遇恩科（即非会试年份而临时补加的会试）则散馆须提前。其原则是上一批庶吉士散馆，新一批庶吉士入馆。

陈廷敬在这次考试中发挥出色，被授予检讨一职。据《圣祖实录》载，康熙"谕吏部"："其庶吉士王吉人、田麟、杨正中……李天馥、陈廷敬、朱之佐……十九人俱著授编修、检讨。"另据《午亭山人年谱》："十八年，辛丑，（廷敬）二十四岁，充会试同考官。散馆第一，授内秘书院检讨。"

清代的官阶制度划分很细，编修的品级是正七品，检讨的品级为从七品。既然陈廷敬是"散馆第一"，名牌榜首，为什么只被授予"检讨"而不是编修呢？这是因为清朝官吏晋升制度有特别规定，庶吉士毕业后是否留翰林院与毕业考试的成绩没有关系，而是由当初考取进士时的"高考名次"决定的。如果原来是二甲的进士授编修，三甲的进士只能授检讨。陈廷敬的入学名次在三甲里，自然要被授予检讨。

沐浴皇恩，陈廷敬不禁发出"检讨君时弱冠，翱翔玉堂，所译习之业，往往蒙上赞许"的感激之语。由此开始，陈廷敬结束了庶吉士的学习生活，开始了个人职业生涯愈走愈高的征途。

回乡侍母

康熙元年（1662 年），本应该努力工作的陈廷敬却意外地请假返乡了。关于他返乡的真实动因，他本人的托辞是"以病请假归里"。可是，在其他相关资料里的记载却是："泽州陈文贞公性至孝，始登籍，闻太夫人病，即归省。"这里明确地说明陈廷敬回家是因为母亲有病。这就出现了矛盾之处，到底是陈廷敬生病了还是他母亲生病了？或者两个人都生病了？不见确切结果。

可以分析一下，从陈廷敬自顺治十五年赴京参加会试，又在庶常馆学习三年，到康熙元年已经有五个年头。在北京深造的这段时光期间，生活上肯定不如在家里舒适，压力又大，会倍加思念亲人，身体出现病恙很有可能，所以请病假回乡说得过去。另外，陈廷敬的母亲身体健康也许真的出现了问题，按照当时人的理念，绝不会拿在世的父母身体健康做借口的，陈母生病的可能性也很大。而且陈廷敬刚刚参加工作，如果不是极其重要的事情，岂能冒着刚刚步入仕途就请长假还乡的举动，这不是自我设限吗？

不过，有学者认为，陈廷敬请假还乡还存在另一个现实问题，就是避世之需。他们的观点是此时康熙虽然已经继位，但是朝政把持在辅臣手中，其中又以鳌拜最为擅权，为了避开朝廷纷争，才请假回家的。这一点更说不过去了，陈廷敬如果真的是以这个目的为出发点的，岂不成了置幼帝于不顾，只想着自保的人了，他的忠诚就站不住脚了，也不符合他日后的言行举止。究其一点，陈廷敬请假回家是因为他的母亲生病了，而且生重病的可能性极大。

陈廷敬回到家乡后就一直陪在父母身边，精心侍候，以尽孝道。他在家中一住就是三年，可见他的母亲病得很重，以致他久久不能返回到工作岗位上。

在家照料母亲的三年中，陈廷敬除了守候在父母身边之外，空闲时间里仍然是刻苦钻研和写作。他努力地创作诗词，三年中写的古体诗、近体诗近百首。更为重要的是，他在理学上的一些理论基础和著作，有的就是在这一时期建立的或者是在这个阶段开始构思的。

陈廷敬一生勤于理学，并在其日后教导康熙的过程中对其形成极为深远的影响。前文提到过程朱理学，程朱理学是由北宋程颢、程颐建立的。理学直接承继孔子到孟子的先秦儒家，同时也有选择性的吸收了道家、玄学以及佛教的一些思想。南宋的朱熹成为集大成者，他集历代学术思想之大成，形成儒学思想文化的杰出代表——朱子理学，受到朝廷的推崇，被钦定为官方的正统哲学思想，构成了宋末至清朝一直处于统治地位的思想理论。

陈廷敬在这三年重点研究了薛瑄理学，理学在中国哲学史上占有特别重要的地位，它持续时间很长，社会影响很大，讨论的问题也十分广泛。前文提到过，薛瑄理学注重实践，并承担了重建儒学价值体系的职能，通过对理论挑战和现实问题的创造性回应，古典儒学通过理学而得以复兴。

我们可以这样做出一个结论，宋明理学对汉代以后整个中国文化的发展有一个新的反省，并通过这种反省致力于儒学的复兴。理学能够在宋以后获得飞速的发展，正是因为它站在儒家的正统思想立场上，批判地吸取了不同思想的营养才赢得众多有识之士的追捧。

陈廷敬是个务实的人，他研究薛瑄理学就是为了用于指导自己的实际操作，因此格外用心钻研。他日后的著作《困学绪言若干则》《河图洛书赋》《伏羲先天策数本河图中五解》等经学精品，大概就是这个时期开始研究的。总之，从入学庶吉士到康熙三年的六年间，在陈廷敬的一生中非常重要，不仅为他日后的治学、工作打下了坚实的基础，而且还梳理了多年来庞杂的知识体系，使得他头清目明，眼光和视野超越常人。

修身立品

　　陈昌期看到陈廷敬学业有成，又做了朝廷命官，待遇优厚，前途不可限量，十分欣喜。每日，这位严父都会和他闲谈为官的种种情况，并将自己多年的生活经验和处世之道说给他听。陈廷敬十分恭谨，对父亲"不可贪"的教诲牢牢记在心中，陈昌期了解自己的儿子，知道他的秉性，绝不是一个贪财的人，他这样夸赞陈廷敬，"汝清品正尔难得！"这句话在陈廷敬的内心里留下深刻的痕迹，让他一生都廉洁奉公。

　　最好的教育来自父母，其母张氏总是担心他忽略小节，被别有用心的人算计，对他说："慎毋爱官家一钱。"这句话一点都不假，父母的言行绝对是孩子模仿的对象。后来，陈廷敬每次收到家书，父母都会以勤谨居官勉励他，让他廉洁自守。陈廷敬果然一生廉洁，晚年时自云："不负当年过庭语，先公曾许是清官。"无愧于父母的在天之灵。

　　陈昌期为人方严，不苟言笑，注重形神上的修炼。如今他已经是三世同堂，并是陈氏家族的唯一主事人，自然气势更胜从前。即便是盛夏酷暑，他也衣着整齐，头顶帽子，端坐在堂屋的太师椅上，一副不怒自威的高大形象。

　　陈廷敬的母亲张氏也是态度从容，少有笑脸，面色庄重，她口中谈起的不是针头线活，绫罗绸缎，大多是鸡汤类的励志故事，比如古代忠孝义烈之类的历史人物，似乎这些高大上的人物就是她追求的目标。张氏也以这些青史留名的任务激励陈廷敬，让他手脚干净，不贪财，不受贿，做一个正直的官，做一个好官。对此，陈廷敬均应允其母，并遵照执行。

　　张氏一生读过很多书，"凡治家悉遵礼法，绝不信鬼神祷禳之事，尼师巫姥尤禁往来。"此时陈廷敬的大儿子陈谦吉已经七岁，基本上还是由张氏指导读书的，《四书》和《五经》是必读本，她教导甚严，超过了陈廷敬小时候读书的强度。

　　陈廷敬有些心疼孩子，张氏便对陈廷敬说："学者攻应举文字，恒视读书立品为二事。吾所以教汝曹者，以读圣贤书，当实存诸心而见之行事。凡读书令往复涵泳其中，身体力行以变化气质为先。"听了母亲大人的教诲，陈廷敬不再纠结。因为他从自身的成长经历来看，知道了母亲这么做是有道理的，对"读书立品"有了更深刻的认识。

母亲的身体逐渐好转，在家赋闲期间，陈廷敬还游览了家乡的山山水水，甚至还到洛阳等地拜访诗友，以求学识的进步。他曾寻访太行名迹，将感情寄托在字里行间，他的一首《洞阳山》写的气势磅礴，就是将这种对家乡的热爱之情表露的淋漓尽致：

> 我家太行尽处村，蛟龙欲活留爪痕。
> 蜿蜒腹背故隆起，振鳞掉尾如雷奔。
> 波涛隐见吞万壑，似揽众水穷河源。
> 古称上党天下脊，兹山拔地尤腾骞。
> 俯视砥柱一卷石，析城王屋双杯樽。
> 颇讶大禹所经画，足迹未到回南辕。
> 径下河济急疏瀹，北顾参井高莫扪。
> ……

这期间，陈廷敬写了很多诗，把他在二十一岁至二十五岁这五年间所写的诗，集成诗集《参野诗选》。但该诗集不知什么原因，没有流传下来。不过，他的《午亭诗二十首》却被他的后人保存下来，里面记录了他日常生活和心得体会，从中可以知晓他这一时期的生活和思想状况。回乡侍奉母亲的这三年，是陈廷敬结束了繁重压力之下的庶吉士学习之后的一段难得的自修时光，这让他有了充足的思考、总结时间，是他学问加速积累、增长的三年。

重返帝都

康熙四年（1665 年），陈廷敬假满返京销假，朝廷对他敞开怀抱，"仍补检讨"，也就是官复原职。在康熙初年，权臣鳌拜把揽朝政，官场浑浊，陈廷敬这样一个微不足道的小吏没有坐冷板凳是极其幸运的。

所幸的是，陈廷敬的仕途是伴随着康熙逐渐收复帝权和他在每一个特定的历史阶段坚定的政治立场以及卓越的表现分不开的。

此时的鳌拜专横跋扈，多次抗旨妄为。康熙虽然年幼，但是胆识过人，对鳌拜心生愤恨，因此极力培养自己信得过的新臣。陈廷敬的回归，恰好满足了康熙对亲近之臣的需求。虽然此时的陈廷敬寸功未立，还不能入康熙的法眼，但是时间会让他们君臣二人越走越近。

重返京城的陈廷敬意外地写了一篇《异星行》："幽州五月方炎天，……道逢异星当昼悬。我生三十未见此。"这段奇异的星象在《清史稿·天文志》中也有记载，是可以证实的天文现象。不过，陈廷敬忽然写下这篇文章，当然是另有所指，"异星"高悬，所指何人？不言而喻！此时的陈廷敬官位卑微，对朝局起不到任何影响，但是从字里行间却可以清晰地看到他的立场，这就足够了。

鳌拜，生于1610年，瓜尔佳氏，满洲镶黄旗人，卫齐第三子。初以巴牙喇壮达从征，屡有功。后随皇太极征讨各地，战功赫赫，号称"满洲第一勇士"，不但是一员骁勇战将，更是皇太极的心腹。清军入关后，鳌拜率军定居燕京，征湖广，驰骋疆场，冲锋陷阵，为清王朝统一中国立下了汗马功劳。后来因为斩杀张献忠被顺治皇帝超升为二等公，授议政大臣、领侍卫内在（皇帝禁卫军司令），擢领侍卫内大臣，累加少傅兼太子太傅，教习武进士。自此，鳌拜开始走上权力核心，参议清廷大政。

顺治驾崩后，根据遗诏，由索尼、苏克萨哈、遏必隆、鳌拜四大臣辅政。四位辅政大臣曾经在顺治灵前盟誓，表示同心同德辅佐小皇帝康熙。虽然这一盟誓意义重大，但事实证明四大臣并不能抱成一团，忠心辅主。

位居四辅臣之首的索尼是四朝元老，位望甚高，但已年老多病，斗志减退。八旗各部隐患重重，矛盾纷争，为了自保，他畏事避祸，在很多事情上疏于过问。

苏克萨哈属正白旗，原本依附多尔衮。多尔衮死后，朝局一变，苏克萨哈出来告发刚刚死去的多尔衮，因此受到顺治重用，在四辅臣中名列第二。正由于苏克萨哈是从多尔衮那边叛变而来的，所以索尼等人都瞧不起他。鳌拜与苏克萨哈虽是姻亲，二人却常常因政见不合而发生争论，宛如仇敌。

名列第三的遏必隆出自名门，但为人庸懦，遇事无主见，又属镶黄旗，常常附和鳌拜，唯鳌拜马首是瞻。

鳌拜虽然屈居第四，但由于资格老，军功高，常常气势夺人。在这种情况下，鳌拜虽居四辅臣之末位，却在其他三人或不作为、或争执、或隐忍中找到突破口，进而得寸进尺，最终得以擅权自重，日益骄横，开始走上专权的道路。

陈廷敬心智清明，对朝廷的局势洞若烛火，他对康熙报以极大的希望，也对未来的时局充满信心。他说："圣人最恶言利之臣，至比之为盗臣之不如。……君子光明磊落，即有过失，人所易见；小人巧佞回邪，患得患失，凡所以贪位固宠者，无所不至，又能形人之短，见己之长，能使人主信任而不疑，故得专权而肆其恶。"又说："国之重器，莫重乎令，令重则君尊，君尊则国安。"何为国安？就是各级官吏必须以皇帝的法令行事，不得自行处置，更不能心存二意，走向与皇帝分庭抗礼之途，产生互不量力的局面。

虽然陈廷敬没有明晰地揭示，但他"君尊则国安"之信条，是有根据的。唐宋以来，中央或者地方包藏祸心的重臣历来都有，酿成大祸的更是大有人在，因此必须对此保持高度的警惕。这些观点都表明陈廷敬的政治立场，所以他才无所畏惧，敢于斗争。

第四章　潜龙藏渊

第五章　谋而后动

　　陈廷敬从检讨做起，专心编纂《清圣祖实录》；在康熙和鳌拜的斗争中，他坚持原则，不惜一切代价维护皇权至上。他的言行逐渐得到康熙的认可和信任，很快，他被康熙任命为侍讲学士和起居注官，开始成为康熙的亲近之臣……

辅臣乱政

　　康熙初年，四大辅臣还是稍有作为的，为朝廷不断调整统治政策，稳定秩序。这些调整政策包括：在经济上，实行轻徭薄赋、更名田（即被清朝政府免费给予佃户耕种的明代藩王庄田），发展生产；在政治上，注意整顿吏治，有步骤地吸引汉族地主阶级参与到管理中来；在军事上，放慢攻打南明残余势力的进程。这样，清朝统治者对全国的统治逐渐巩固。不过，清朝统治者内部的矛盾却在加剧。康熙初年，清朝内部的矛盾主要有以下三个方面。

　　第一，黄、白旗之争。黄、白旗之间的矛盾由来已久，最早可追溯至清太宗皇太极之时。皇太极登上汗位之后，不久便将自己掌握的正白旗、镶白旗改为正黄旗和镶黄旗，使其地位日益上升。同时，皇太极又将父亲努尔哈赤留给阿济格、多尔衮、多铎三个幼子的正黄旗、镶黄旗改为正白旗、镶白旗，使其地位渐渐下降。从此，黄、白两旗之间便产生了矛盾。皇太极死后，黄、白旗为争立皇帝，关系紧张，后来虽以妥协告终，但彼此成见甚深。多尔衮是正白旗之主，皇太极摄政时就很压制他的两黄旗。索尼、遏必隆、鳌拜均曾得罪他，或被降职，或被罢官。顺治亲政，政局一变，黄旗抬头，白旗重又失势。苏克萨哈虽以白旗投靠黄旗，但索尼、遏必隆、鳌拜都瞧不起他。黄、白旗之间的矛盾一直延续到康熙初年，埋下祸根。

第二，圈地之争。清初圈地时，多尔衮凭借摄政的便利，将冀东肥沃之地都圈给正白旗，而于保定、河间、涿州等处另拨土地给镶黄旗。土地之争让黄、白旗之间的上层旗主等人的争斗变成了两大阵营的争斗，从此矛盾不可调和。康熙五年（1666年），翅膀逐渐变硬的鳌拜提出圈地应按八旗排列顺序，冀东的土地按顺序应归黄旗所有，要求和正白旗换地。如果土地不足，"别圈民地补之"。这和野蛮拆迁没什么区别，当时户部尚书苏纳海、直隶总督朱昌祚、巡抚王登联都极力反对换地，以免引起社会动荡，国家根基不稳。苏克萨哈属正白旗，更是坚决反对。但索尼、遏必隆为了个人私利，则明里暗里支持鳌拜，形成四大辅臣之间的利益冲突。

第三，鳌拜与康熙之争。鳌拜是一个赳赳武夫，历事三朝，但表现前后有异，原因或许在于他辅佐顺治，念在皇太极余威、余恩，而且顺治也是他力争而立的，所以还能忠心耿耿，可对待康熙就不一样了。此时的鳌拜是三朝老臣，且掌握辅政大权，对年幼的康熙就不那么看得入眼了。这种情形就好像当年阿济格（清太祖努尔哈赤第十二子）私下称呼顺治为"孺子"一样。不同的是，阿济格还只是背地里表示，而鳌拜却渐渐公然表露。在朝堂之上，鳌拜常常当面顶撞康熙小皇帝，当着康熙的面，毫不留情地呵斥大臣。朝贺新年时，鳌拜身穿黄袍，仅其帽结与康熙不同。假如鳌拜遇上个无能的皇帝也就罢了，只能忍气吞声，徒叹奈何？可当时的清廷还处于上升态势，小皇帝康熙也不是等闲之辈，鳌拜如此行事，迟早会下场悲惨。

康熙不动声色就是在等待机会。有一次，鳌拜装病，康熙去探望他。鳌拜卧床不起，也不跪拜，席下竟然还放着一把刀。康熙的侍卫看见刀柄，赶忙搜出这把刀，局面很是尴尬且紧张。鳌拜毫不在意，默

然不语。康熙从容镇静，笑着说："刀不离身是满洲故俗，不要大惊小怪！"探望鳌拜之后，康熙淡然离去。鳌拜的跋扈、无礼，小皇帝康熙的机智应变，都可以预见日后必是一场惊心动魄的恶战。说到底，鳌拜的飞扬跋扈才是彻底激怒康熙的根本原因。

舆论交锋

康熙六年（1667年）七月，14岁的康熙宣布亲政，他在太和殿受贺，大赦天下。但是，鳌拜势力仍然倚靠其在军政界的党羽门徒，肆无忌惮地结党营私，甚至视康熙如虚设。

就在康熙亲政仅十天后，鳌拜即擅杀同为辅政大臣的苏克萨哈。数天后，鳌拜又与遏必隆一起进位一等公，实际政局并不受康熙直接掌控。康熙心中恼恨，又无计可施，便暂避锋芒，借着为顺治树碑立传的机会，让臣子们时时念着先帝的恩惠，并着意培植忠于自己的人手。

同年九月，康熙决定纂修《清世祖实录》，他诏命以大学士班布尔善为监修总裁官，组成《清世祖实录》馆。"（九月）二十日赐宴礼部，诘旦开馆"，《清世祖实录》纂修的工作正式开始。

此时，康熙帝亲政仅两个月，便迅速诏命臣下纂修《清世祖实录》，可见他的内心极度渴望夺回皇权。鳌拜虽然看出康熙想要夺权的迹象，但他认为大清的实权完全掌握在自己的手里，对康熙主导的《清世祖实录》编撰项目并不在意。

《清世祖实录》是清朝实录中第一部体例、书法规范化的官方正式定本。考察这部实录的纂修过程，对研究清朝官方史学活动及其与政治的联系，是十分必要的。然而，《清世祖实录》的纂修却是在激烈的政治斗争背景下进行的，因此困难重重。

纂修的最大问题就是对顺治的历史评价，其焦点是保持满洲所谓的"淳朴旧制"还是改革政治体制以适应中原的社会文化。顺治在位时，提倡汉族文化，主持殿试，开经筵日讲，注重阅经读史，并且多次谴官"致祭先师孔子"，倡导儒家传统文化，迎来了清朝初期的大好局面。

后来，顺治进一步采用了明朝的中枢机构体制，不再祭祀历代少数民族首领，而是祭祀商周汉唐宋明的杰出皇帝，种种措施表明清朝承袭了内地华夏政权的衣钵，是从商周以来一脉相传的正统政权，在理念上抛弃了少数民族狭隘心理，历史视野也扩展为整个中国疆域，这是政治历史观的一大转变，思想和行为在当时都是激进的"汉化"倾向。

可是，顺治死后，四大臣辅政，他们对汉官不满，处处压制汉官，企图摧毁汉文化。在顺治的遗诏中，极力自责的言辞很难说不是四大臣炮制出来的假遗诏，所以，如何实事求是地纂修《清世祖实录》遇到了空前阻力。为了占领舆论阵地，康熙尽最大能力任命了一些口碑好，且品行正直刚毅的臣子担此重任，陈廷敬就是在此背景下被任命为纂修官，参与到纂修工作中来，并且有不俗的表现，多次被康熙赞扬。

康熙为《清世祖实录》定下了基调——高度赞扬顺治的丰功伟绩，否定"清世祖遗诏"中对世祖朝政体制的诋毁。这从侧面表现出康熙对顺治的尊敬和肯定，也表明他也愿意学习汉族传统文化和亲近汉官。实际上这是年轻的康熙向鳌拜势力发起的一场思想领域阵地的强大攻势，也是一场残酷的政治斗争。他向文武大臣显示了其非凡的胆略和政治取向。这既占领了舆论阵地，也号召了广大群众。

修实录、撰碑文，为先皇树碑立传，名正言顺，这是鳌拜等人无法阻挠和拒绝的，康熙的这个策略的确高明。虽然鳌拜的势力如日中天，但是诸如陈廷敬这样的汉官早就预测到了他惨淡的下场。很快，朝廷内外臣子中出现一股支持康熙的清流，且有愈加壮大之势。至此，鳌拜集团在政治上开始处于被动，越来越多认清形势的官员开始向康熙靠拢。

鳌拜不肯屈服，便率领众党羽频繁干涉纂修工作，比如禁止查阅相关资料、克扣经费、调走骨干力量、安插耳目参与撰写、删减歌颂顺治的文字等手段。

面对挫折，陈廷敬等基层小吏不屈不挠，坚持纂修。康熙心知肚明，他一边争取资源，一边激励忠于自己的官员，在自己的权力范围内施加影响。

陈廷敬重返京城任职的三年时间里，工作成绩斐然。康熙六年年

底，朝廷对京官例行考察，对陈廷敬的考察结果是"考察一等称职"。清廷对官吏的奖赏，通常叫作"议叙"，分为"记录"和"加级"。"加级"和我们现在评职称差不多，对一个官员来讲，不仅仅是一份殊荣，还按照级别的上升增加俸禄，有的还授予相应的顶戴。

按照惯例，优秀官员都可以得到封赠。九品以上的官员可得到相应的封阶，从最低的登仕郎（从九品）开始，依次有修职郎、征仕郎、文林郎、承德郎、奉政大夫、朝议大夫、通议大夫、资政大夫（正二品）、光禄大夫（正一品）等，共十五级。

陈廷敬墓地的碑文对其生平有明确的记载，康熙六年十一月二十六日（1668年1月9日）诏书称："尔内秘书院检讨加一级陈廷敬，品行端凝，文思渊博，简居词苑，奉职无愆。……兹以覃恩，授尔为文林郎。"陈廷敬当时任检讨一职，官品为从七品。按照制度，他应该封为"征仕郎"，然而却被封为正七品才应封的"文林郎"，这主要是因为他得到了奖赏，有加一级的待遇。

康熙七年（1668年），陈廷敬仍任内秘书院检讨，继续参加纂修《清世祖实录》的工作。和陈廷敬一样，许多汉官都是通过上疏、提供史料等迂回方式参与到纂修中来，变相与满洲贵族相抗衡，他们寄希望于年轻的康熙早日夺回大权，继而让汉人的儒家思想再次成为国家的统治思想。

汉官不断上疏，请求皇帝及时举行经筵，这是汉官在最具优势的思想文化方面发起的反击，以影响康熙的价值取向。掌权的守旧势力虽然不喜欢，但是也只能听之任之，毕竟此时的清廷还没想到利用"文字狱"扼杀思想文化。

就在这一年，康熙忽然"玩心"大发，他召集了一群少年在宫内练习"布库"（即摔跤，满族的一种角力游戏）。鳌拜以为是小孩子的游戏，不以为意。谁能想到，这个15岁的皇帝正在周密地策划着一件惊天动地的大事。

康熙亲政

康熙八年（1669 年）五月，康熙将鳌拜的亲信不停地派往各地"考察学习"，对他们离开京城留下的权力真空，他又让自己的亲信索尼之子索额图接管了京师的卫戍权。

一切都按照康熙的设想在进行，随后，他训练的那群"布库"少年在皇宫里将鳌拜擒获。消息传出，平日里痛恨鳌拜的众大臣立刻罗列了鳌拜的若干罪状，请求立斩鳌拜。一时间，墙倒众人推，不可一世的鳌拜做梦也没想到自己倒台这么快，而且没有人愿意为他出头求情。

康熙随即宣布了鳌拜三十条罪状，廷议当斩。康熙念鳌拜历事三朝，效力有年，不忍加诛，仅命革职，籍没拘禁，其党羽或死或革。不久鳌拜死于禁所，其子纳穆福后获释。

概括地来说，鳌拜早年南征北战，屡建奇功，忠于故主，始终不渝，是功臣也是忠臣；康熙初年辅政时期飞扬跋扈，把持朝政，颇多恶迹，成为中国历史上强悍不逊的权臣。最后败在少年康熙手中，虽然免于刑戮，但身死禁所，也沦为历史笑柄。

康熙收复了皇权，在四大辅臣执政期间，由于守旧势力膨胀，满汉民族之间的矛盾日渐上升，汉人和汉族文化均遭受残酷的压制、排斥和打击。许多有实权的汉族官员均离开重要岗位，或者得不到提升。许多有才华的汉族官员，特别是最近十年来学识渊博、提倡儒家文化的汉族官员都受到雪藏。不过，汉族官员的血性依然存在，以弘文院侍读熊赐履为首的众多汉族文官多次上书年幼的康熙，一方面用事实揭露鳌拜的不轨行径，同鳌拜势力势同水火，一方面大力倡导康熙秉承顺治的遗志，弘扬中国传统儒家文化，尊孔读经。

康熙虽然不能定夺，却明白这个道理，对熊赐履等人褒奖有加，也同意承继儒学，终因鳌拜等人的阻拦，未能如愿。直到亲政后，康熙才对这些人提拔重用。比如，熊赐履被着重培养，并在几年后提拔为武英殿大学士。

翻遍这一时期的历史资料，未能发现陈廷敬与鳌拜集团进行直接斗争的确切记载。根据他与熊赐履的良好关系，两个人是同科进士，又同

时被选为庶吉士而看，他们的政治言行应该是一致的。这一点可以从当时和日后的许多具体事情推断出来。

当熊赐履被擢升大学士之后，陈廷敬感同身受，挥笔而作《赠孝感相公》相贺，里面的一句"金曰帝知人，吾等凤愿毕"很有意味，值得琢磨。大有熊赐履做了大学士之后，圆了陈廷敬等人一番心愿似的。这似乎表明熊赐履是陈廷敬等人的领头羊，他在前面冲锋陷阵，其他人在暗地里发挥作用，以免一损俱损。这个推论是否有道理，还需论证，不过陈廷敬在对待康熙的态度和铲除鳌拜势力的决心是和熊赐履一样毋庸置疑的。

铲除了鳌拜之后，康熙下诏重新纂修《清世祖实录》，以秘书院大学士巴泰为检修总裁官，重新开馆，一切程序从头开始，把鳌拜影响到的初稿全部重新编撰。不过，此时的纂修工作已经不再承担政治斗争的需要了，因此得以从容地编写，整部书标志着纂修实录向规范化、正规化迈进了一大步。

实录改修仅用了三年时间，应该算是康熙执掌大权后的献礼工程。在康熙的督促下，实录在史料考订上不甚严密，不仅采用汉文档案和文献，也采用了满文档册，人名、地名译音等多有出入，对顺治和清廷多有美化之处，未顾及历史的真实，史学价值不高。

陈廷敬全程参与了《清圣祖实录》的纂修，渐渐成为康熙信赖的臣子。此后，清廷各项实录、圣训、起居注、方略、会典、一统志、国史等史籍的开修都离不开他的参与，到编纂《康熙字典》时，陈廷敬的学识几乎达到震古烁今的程度，成为一代名家大儒。

正身董教

康熙八年（1669年），陈廷敬擢升为国子监司业。国子监设管理监事大臣一人，实际负责人是祭酒（满、汉各一人）二名；其副职是司业（满、蒙、汉各一人）三人。职责是："掌国学之政令，凡贡生、监生、学生及举人之入监者，皆教焉。"司业为正六品，证明陈廷敬又高升了。

国子监具备两种功能，一是国家管理机关的功能，二是国家最高学府的功能。国子监的设立相对于"太学"而言，除了是国家传授经义的最高学府外，更多地承担了国家教育管理的职能；但同时，国子监与太学也可互称，经常用太学来指代国子监。"国子监"出现后，"学"与"监"不同的含义说明了二者在承担两种功能上的不同分工："学"是传授知识，指向教育和最高学府的功能；"监"是督查监管，指向国家教育管理的功能。

陈廷敬在担任司业时，管理有方，严查腐败，很有作为。他"正身董教"，狠抓老师吃拿卡要学生的丑恶现象。他取消了国子监学生入学拜谒祭酒以下官员必须携带见面礼的陋习。这个举措深得学生之心，很多学子出身寒门，家徒四壁，根本拿不出贿赂老师的钱财，因此很难被推荐到好的中央机构部门。陈廷敬这一严禁送礼的"校规"，让国子监的学风顿时清爽起来。因为陈廷敬不只是口头说说，凡是变相索要学生钱财的老师，最后都被他奏本革退或者调离工作岗位。也正因为他对腐败特别憎恨，所以他首次留给同僚们的印象就是不好相处。铁面无私，不讲人情，这是国子监上下同僚对陈廷敬的评价。

同年，康熙开始筹措经筵日讲，决心继承顺治满汉一家亲的传统，向儒家学习，尊孔崇儒，学习和推广汉族文化。与中国历代皇帝相比，康熙有一个最突出的特点——勤奋好学。纵观他一生，除鳌拜、平三藩、收台湾、抗沙俄、征漠北、重农业、扶教育，等等，对安定中国社会、保有领土完整、发展社会经济方面做出了不可磨灭的贡献。这些伟大的成就，都是和他学习汉族优秀文化分不开的。经筵日讲就是他接触汉文化最佳的学习途径。

经筵日讲，是宋朝以来皇帝"留心学问，勤求治理"的一种制度，也可以认为是专门为皇帝而制定的一个学习制度。每到春秋两季，一个是耕种季节，一个是收获季节，皇帝都要先举行经筵大典，除了例行祭孔外，主要就是由经筵讲官给皇帝讲一次课。此后再由翰林院选送数量不等的翰林充日讲官，在经筵大典结束之后，择日再分别给皇帝进讲。日讲官讲课的内容主要是"四书五经"以及《通鉴》等，也可以选择自

己擅长的研究方向讲课。

康熙除掉鳌拜集团后，百废待兴，经筵日讲虽然提上日程，但是因为种种原因，直到两年后才正式开讲，但是他的心中已经有了合适的人选。

康熙九年（1670年），陈廷敬因为强有力的管理手段和严酷的惩贪行动，由国子监司业升为弘文院侍读。官品按清朝定制为正六品，而陈廷敬则按正五品的封阶封为奉政大夫。这又是一次超规格的奖赏，除了证明陈廷敬工作得力，还有什么其他理由呢？

同年九月，康熙准备恢复被鳌拜改的一塌糊涂的翰林院，首先改内三院为内阁，然后重设翰林院。从此开始，内阁便成了清政府的中枢机关。内设殿、阁大学士和内阁学士等官。内阁学士又分满学士、汉学士，有的还兼礼部侍郎之职。由此，陈廷敬便由弘文院侍读改为翰林院侍读，不久又改为侍讲。

随着工作内容和官职的擢升，陈廷敬越来越接近康熙，离大清的权力核心越来越近。

侍讲学士

康熙十年（1671年）二月，康熙率领文武百官隆重地举行了他继位以来的第一次经筵大典。康熙之举，意在拨乱反正。康熙继位后，遗命内大臣索尼、苏克萨克、遏必隆、鳌拜四辅臣执掌重权，却以"先帝祖训"挟制天子，尔后结党营私，排斥异己；跑马圈地，贪污腐化，激化满汉矛盾。仅仅数年，已是社会动乱，民不聊生。

康熙得以铲除鳌拜集团后，开始肃清四辅臣余党，亲政治国，而整治朝纲的一个抓手便是力推"经筵日讲"。他是凭借经筵日讲让内阁各部重臣自上而下学习汉儒经学，统一认识，甄别治国方略，拨乱反正。如是康熙所言："帝王图治，必稽古典学，以资启沃之盛。"为使经筵日讲不流于形式，徒于虚名，康熙亲自圈定了进讲官员的名单，任命吏、刑、工、户、翰林院各部高官十六人为主讲。

三月初，康熙"以翰林院掌院学士折库纳、熊赐履，侍读学士傅达礼、宋德宜、史大成，侍讲学士李仙根，侍读学士张贞生、严我斯，……充日讲官"。

三月十七日，康熙又决定"初次举行日讲，遣大学士杜立德告祭孔子"，第二天便开始了首次日讲。

康熙是中国历史上最勤奋的皇帝，在他以前的皇帝虽然也举行经筵日讲，但大多是做做表面文章，走走形式而已，根本不进行日讲，即便有讲的，也是敷衍了事，大多是讲官自己讲的陶醉，皇帝却坐在那里打盹。然而，康熙却是动了真格的，在日讲中，他学习态度极为端正，认真听讲、记笔记，不明白的就问，与老师随时互动，家庭作业也完成的很好，是个难得的好学生。

康熙倡导经筵日讲以讲究实效为重。指示进讲经学须"理乱兴衰之故"，可各抒己见，"凡有所见，真陈无隐"，"如此互相讲论，方可有裨实学"；进讲不说套话、官话，务去陈言，要言不烦，"讲章称颂之处，不得过为溢辞，但取切要"，杜绝报喜不报忧，投君所好的谄媚之风；进讲所选典籍，须以治国方略为主旨，事先呈报进讲典籍篇章、章体事例，并亲作指导。

国子监祭酒徐文元呈报进讲《四书》，康熙则指示："《四书》屡经讲读，朕心业已熟晓。每观《通鉴》，事关前代得失，甚有裨于治道，应与《四书》参讲"，遂命之再改讲章。凡呈报讲章文稿，辞不达义者，康熙则以事前试讲而监之。翰林院大学士喇沙里进讲《通鉴纲目》"告子曰性犹杞柳"一章，康熙甚为不满，然则先行亲讲，且讲论精微，义理融贯。此训，则使人云亦云、缺乏思考、滥竽充数之庸人无地自容。经如此整治，朝廷官场学风为之焕然一新。

康熙以身作则，身体力行，对左右近臣直言："朕所听政之暇，即无宫中披阅典籍，殊觉义理无穷，乐此不疲"。在康熙的督导下，经筵日讲逐渐制度化，坚持不懈，前后持续长达十六年之久，历代封建王朝实难出其右。

关于康熙对待日讲"求真务实"的态度，都有官员专门负责记录他

的言行，这些在《康熙起居注》中都有详细的记录：二月七日，上谕日讲官傅达礼等："人主临御天下，建极绥猷，未有不以讲学明理为先务，朕听政之暇，即于宫中批阅典籍，殊觉义理无穷，乐此不疲。向来隔日进讲，朕心犹然未惬。嗣后尔等须日侍讲读，阐书发旨，为学之功，庶可无间。"

这段记载说明，康熙学习是发自内心的，不是心血来潮，而且觉得隔一天进讲一次学的知识少，便改成了每天都进讲。可以想象，康熙日理万机、政务繁忙，应付的局面十分复杂，他能够每天都坚持学习是非常难得的。事实上，在日讲的最初几年间，每个月进讲都在二十次以上，这个数字已经很惊人了。后来，康熙还下旨把每年春秋季的进讲改为全年进讲，这么一来，他几乎就没有了空闲时间。

再如，《康熙起居注》中记载：三月四日，上谕："人君讲究学问，若不实心体认，徒应故事，讲官进讲后，即置之度外，是务虚名也，于身心何益？朕于尔等进讲之后，仍再三阅绎，即心有所得，犹必考正于人，务期道理明彻乃止。"

有官者，懈怠成习，厌学成性，声色犬马，无所事事，每每以夏日炎热、入秋政务缠身为由推诿搪塞。对此，康熙毫不留情直言痛斥："学问之道，必无间断，方有裨益。以后虽寒暑不必辍讲"，严训整肃学风。康熙是一个务实的皇帝，他年幼即位，在鳌拜等守旧势力的阻拦下，他亲政前远离汉族文化，学业上确实耽误了，所以他才争分夺秒，刻苦学习，要成为一个伟大的皇帝。

康熙推行经筵日讲坚定执着，吸纳、继承儒家统治思想，并将之统一为各级官吏的言行。经筵日讲之所以卓见成效，在于治学制度化，勤政以治学为先；倡导百家争鸣，各抒己见；摒弃陈言和媚词，端正学风。而经筵日讲之举，又为整治政风，确立清明的治国方略奠定了思想基础。这确实突显了康熙的政治谋略。

康熙如此重视日讲，自然对日讲官十分礼遇，不仅体恤备至，寒暑年节都有赏赐，还对他们十分尊敬。虽然日讲官必须站着授课，但是君臣间更多的是师生情。在这些老师们看来，这位年轻的皇帝可塑性极强，而且心地善良，如果能够让他系统地学习儒家经典，掌握了内圣外王之道，就会巩固和加强以儒学为治国之本的国策，才会让汉族文化和儒家思想不至于沦为非主流文化。所以，各位大儒名宿均拿出百倍的热情和精力息心教导康熙，将中华文化的精髓植入康熙的思想体系内。

在日讲官们谆谆教导下，被儒家文化熏陶出来的康熙更加儒雅，为了规范自己的言行，不致让自己的行为失去控制，还设立了起居注官一职，由满汉起居注官各一人每天轮流在内廷执勤，专门记录康熙每日的言行。有了这么一个人在身边随时记录他的言行，就是皇帝的康熙也不能信口开河，乱发脾气了。所以，康熙的谨慎睿智的个性逐渐养成。

设立之初，起居注官都是由"日讲官"兼职的。这么一来，每天都有两名日讲官随时陪伴在康熙身边，不仅教育他，还记录他的言行，既相当于康熙的学问领路人，也相当于康熙日常行为的"纪律监督员"，两者之间的关系自然密切。

同样是在康熙十年（1671年），陈廷敬再次升职，被授予"寻擢侍讲学士"，成为从四品官员。在工作中，陈廷敬品德操守一直被人称颂，而且他不拉帮结派，公正清廉，"处脂不染，情操肃然"。康熙最看重有着极强自律精神的臣子，这样的臣子一般都谨慎、踏实，做事稳健，他曾多次说"谨慎便是好人，人能恪勤守分，何所不宜"之类的话，而陈廷敬恰好就是这样的代表人物。他有能力，却又一贯低调，专心于工作和治学，不乱结交朋友，更不和其他官员私交，"守官奉职，退辄闭门，不愿妄从流俗交游，朝士多不识其面"。

和陈廷敬接触最多的李光地评价道："泽州之慎守无过，后辈亦难到。"无论是人品还是学问，陈廷敬均得到身边人的认可，这次擢升也许就是正常的升职吧！

陈廷敬说："今天子锐意尧舜三代之治，政具必张，进贤退不肖，思得学问经术有名迹可用佐国家兴理平者。"他判断康熙迟早会成为一个有作为的皇帝，急需儒家思想来治理国家，所以才网罗天下"学问经术有名迹"者来加强经筵日讲，并从中选拔重要的执政大臣。这是一个极强的信号，陈廷敬自身在经学研究上不仅有过人之处，而且已经跻身

当时的经学名家行列，他自信早晚会成为日讲官。

陈廷敬在耐心地等待机会，康熙也在寻找更优秀的人为大清帝国和他本人服务。这一切都需要时间来考验。

起居注官

康熙十一年（1672年），由陈廷敬任编纂官之一的《世祖章皇帝实录》"几易稿而成编，阅四载而竣事"。这是一件喜事，康熙十分欣慰，准备"犒赏三军"。

七月，朝廷据实奖赏编纂人员，康熙发布上谕："其监修总裁等官，著有功劳，宜加宠赐，……其纂修以下各官、监生，著分别议叙"。陈廷敬因"纂修《世祖章皇帝实录》告成，加一级食俸"。此外，所有参与编写的人都得到了相应的奖赏。陈廷敬再次获得嘉奖，这是团队协作取得的成绩，但里面也有他个人突出的表现。

为父亲编纂《世祖章皇帝实录》，这是康熙亲政后十分重要的一件大事，通过这次编纂，他准备提拔一些有才华的人。果然三个月之内，康熙再次发布上谕："以翰林院侍讲学士陈廷敬充日讲起居注官。"这是一次跨越式的提拔，陈廷敬从这个时候开始，真正地来到康熙身边，成为众大臣艳羡的"大红人"。

陈廷敬很快入值，从此，他便成了康熙师友的重要一员。自康熙八年他从检讨升至国子监司业算起，仅仅三年时间，陈廷敬就连续五次升官，成为当时炙手可热的官场"网红"。这是一个里程碑式的擢升，这对他未来的仕途有着不言而喻的重要性。兴奋的陈廷敬拿起毛笔，写下"第二螭头点笔时，起居亲切近臣知"，这句诗恰到好处地记录了这一重要时刻，也流露出内心的得意和自豪。

起居注官，岗位满编一共是十二个人，满四员，汉八员，他们轮流记注康熙的起居。这些记注官又都是由日讲官兼任，所以也称日讲起居注官。陈廷敬成为其中一员后，一面轮流记注，一面准备参与给康熙进讲。不过，想要给皇帝进讲，他还需要很长一段时间，一个是前面还有许多前辈在排队候讲，另一个是皇帝还没有过目他的讲稿，还不能定下让不让他讲。

陈廷敬当前的工作方式就像是一架摄影机，专门记录康熙每天的上谕、题奏、皇帝接见官员等事，一句话，就是记录皇帝这一天的言行举止。由于用心做事，他在起居注官的岗位上一干就是八年。可以说，康熙对哪位大臣不满，关心哪方面的事情，喜欢吃什么，最近读什么书，一天去了几次厕所等等，他都记得清清楚楚。但是，陈廷敬是一个守口如瓶的人，他从来不和任何人谈及起居注官的工作内容，对康熙的私生活不透露一个字。陈廷敬被康熙信任和接纳，还源于他高度的责任心，每年年底，如果是他轮值，他总是会写一份全年的工作总结，把起居注官的工作详细地汇报给康熙，并且针对不足之处提出改进的方法，这与其他起居注官完全不同。本来，没有谁安排他写工作总结，但是他却是唯一一个把这份工作做到极致的人，深得康熙嘉许。所以说，陈廷敬能几十年如一日留在康熙身边工作，还是因为他的品德和责任心征服了康熙。

长时间在一起工作、生活，康熙逐渐了解了陈廷敬，他偶尔会向陈廷敬索要他的作品读一读。陈廷敬是一个做学问的好手，当前的工作与政务基本不搭边，还是比较清闲的。这就给他提供了非常充裕的创作时间，写诗很多，还刊刻成书，比如《说岩诗选》就是这一时期他的代表作，影响很大。

康熙很有才华，涉猎范围很广，对诗词歌赋颇有研究。每个诗人都有自己的风格，陈廷敬也不例外，就诗体来看，陈廷敬的近体诗多学杜甫，古体诗多学韩愈、苏轼。而到了晚年，他则向慕陶渊明、白居易，诗风冲淡平易。

康熙看了陈廷敬的诗后，说他的诗很有杜甫的写实风格。是的，陈廷敬是一个务实的人，他的诗也有强烈的写实主义风格，也确实在模仿杜甫。陈廷敬模仿杜甫最典型的作品便是《晋国》："兵车千乘合，血气万方同。紫塞连天险，黄河划地雄。"读起来颇具杜甫之风。故当时的名家王士祯、沈德潜等人皆以此诗为"独宗少陵"之征。其实陈廷敬的

五律、七律，中间两联常用阔大的空间意象和绵长的时间意象来表现诗的张力，这正是学杜的表现。

模仿自己的偶像，创作相似的诗，在古时是很常见的。陈廷敬的五律《获鹿对月》云："今夜鹿泉月，闺中应再圆。光留长塞外，影断故山前。香雾含空色，清辉映独妍。别来小儿女，相忆在天边。"此诗的痕迹更是明显，这显然是脱胎于杜甫的《月夜》一诗。杜诗云："今夜鄜州月，闺中只独看。遥怜小儿女，未解忆长安。香雾云鬟湿，清晖玉臂寒。何时倚虚幌，双照泪痕干。"

清朝时就有学者研究陈廷敬的诗，总结出他诗学的风格趋尚，主要有两说：一是尊唐学杜（杜甫）；二是宗宋学苏（苏轼）。《四库全书·午亭文编·提要》记载：陈廷敬"门径宗仰少陵"。而翰林编修曹禾却认为：陈廷敬之诗乃"眉山氏（苏轼）之诗也"。在宋代文人中，陈廷敬最心仪苏轼。陈廷敬曾说，"不学西昆学杜韩"，"楮窗坐久朝阴改，是读杜诗韩文时"。确实，陈廷敬有不少律句明显出自杜甫和苏轼。客观地说，陈廷敬这些诗的创作灵感都源自他们，虽然其诗文也精彩，但毕竟不是独创的，却把玩的游刃有余。不管怎么讲，陈廷敬还是给康熙留下了深刻的印象。

第六章　国事家事

削藩风波乍起，陈廷敬鼎力支持康熙，获得了良好的印象加分，被康熙委以重任。在北行祭祀时，他颠沛数千里，圆满地完成使命，令康熙赞赏。回乡丁母忧期间，他关注地方教育，为了寒门学子能够有条件入学，他振臂高呼，却把请客、送礼的人全都拒之门外……

削藩之争

康熙十二年（1673 年）春，镇守广东的平南王尚可喜疏请归老辽东，康熙遂乘势作出了令其移藩的决定。而后，又对镇守福建的靖南王耿精忠的撤藩要求也依例照准。在形势的逼迫下，吴三桂也假惺惺地上疏朝廷，请求撤藩，实则希冀朝廷慰留他。

朝廷重臣对吴三桂的请求分成两派：一派认为不可撤，一撤藩吴三桂必反；另一派认为必须撤，否则吴三桂拥兵自重，早晚尾大不掉，成为心腹大患。

大清幅员辽阔，富有四海，但是内忧外患随时都威胁着中央政权。明朝降将吴三桂近年来越发暴露出不轨之心，让康熙忧心忡忡。康熙分析了利弊，他觉得如果一个武将没有文化，很容易受到蛊惑或者鲁莽行事，给国家造成严重影响；如果这个武将很有文化，遇到事情就会认真思考，就不会轻易叛乱。

同年九月，清朝开武场科举，本来这是挑选武将的考试，不需要文

官参与，但是康熙却锐意改革，他认为武将也需要有谋略，以达到"重武兼重文"的目的。所以他在武科举考试中加派了学识渊博的词臣任考官，以加强对武举们的策论考察。按现在的观点来说，想要成为一名高级将领必须具备大学本科或者本科以上学历。

《清世祖实录》记载："以大学士冯溥为武会试正考官，侍讲学士陈廷敬为副考官。"两个人相互配合，为康熙挑选人才。词臣充任武会试考官，开了历史先河，陈廷敬也忍不住感叹："盖异数也。"他认为这是极为明智的一个决策，因此盛赞康熙。用陈廷敬自己的话说，"武顾兼策论"，"此非难武士也，诚重之也。夫武而不文，其人任卒伍而不足任偏裨，任偏裨而不足任大将者也。兵家言者，毋逾孙、吴、吕、李、司马、尉缭诸书，今武士合而治之"。这是陈廷敬对康熙旨意的全新解读，给武将考文戴上了一个堂而皇之的帽子——想要成为名将就必须有文化，这是对康熙的武将须重文的意图全新版本的解读，贯彻领导意图十分到位，这从侧面反映出他的领悟力极强，执行力超强。

康熙对陈廷敬的"自媒体效应"很满意，这些因素都是康熙重视他的原因。在这一年中，陈廷敬的官职由翰林院侍讲学士转任翰林院侍读学士。

武恩科还是很有成效的，陈廷敬不辜负康熙的信任，认真筛选，还真的选拔出了一些合适的将官。这些武将很快得到康熙的接见，被充实到军队里历练。

康熙做事有板有眼，清除鳌拜势力之后，朝廷里面风平浪静，他彻底稳固了皇权，可是，朝廷之外，尤其是边疆地区，隐患日益严重。

吴三桂开藩设府，坐镇云南，权力和声势都达到顶峰，他与清政府的矛盾却开始激化了。就清政府而言，使用吴三桂攻打南明政权，是为了建立其对全国的统治。为此目的，历时十九年，才将各地南明政权逐一消灭。在全国平定之后，清政府急需在政治上实现对新占领地区的统治，在军事上裁减军队以减轻中央财政上的压力。因此，早在占领云贵之初，便向这些地区派出了行政官吏，而后不久，又计划撤回和裁减满洲及绿营军队。

清政府的这些措施，无疑是和当时整个社会都需要休养生息的要求相符合的。但是，清政府的这些改革措施却触犯到吴三桂的利益。就吴三桂而言，在南明政权尚未消灭之前，他与清政府命运相连，必须拼死作战。但在云贵平定之后，他便作起了"世镇云南"的美梦，并处心积虑地要把云南变为自己的独立王国。在政治上，为了巩固自己的地位，对于辖下的各级官吏，他"选用自擅""各省员缺，时亦承制除授，谓之西选"。与此同时，他还以重金收买在京朝官及各省将吏，为自己效劳。在经济上，吴三桂除利用政治特权籍没"故明沐天波庄田七百顷为藩庄"之外，还大肆兼并土地，"勋庄棋布"，对老百姓进行残酷的剥削和压迫。与此同时，他还"垄盐井、金铜矿山之利"，专卖各种土特产品，放高利贷，并凭借其庞大的财富，豢养宾客，收买士人。在军事上，他招纳李自成、张献忠余部，编为忠勇五营、义勇五营，加紧训练。此外，吴三桂还纵容部下将吏为非作歹，鱼肉百姓，"杀人越货，毫无畏忌，讼牒、命盗两案，甲兵居其大半"。事实证明，吴三桂已经成为分裂割据势力的"带头大哥"。

对于吴三桂的这些活动，顺治皇帝洞若观火，因而在平定云贵之初，便着手裁抑吴三桂的势力。康熙二年（1663年），四大辅臣即以云贵军事行动已经停止为理由，收缴了他的平西大将军印信，接着，又"截其用人题补之权，迁除悉归部选"。康熙六年（1667年），又乘其疏辞总管云贵两省事务之机，下令两省督抚听命于中央。同时，还剥夺了他的司法特权，"平西藩下逃人，俱归有司审理，章京不得干预"。吴三桂则以"构衅苗蛮，借事用兵"，大肆扩军索饷相报复。至此，吴三桂和清朝中央政府之间的矛盾更加尖锐了。

康熙除掉鳌拜后，就琢磨着削藩，可是朝廷内部意见不一。是否削藩？这个问题在御门会议上讨论过数次，最后形成两种意见。一种意见是撤藩，另一种意见是不撤，而且主张撤藩的人很少，只有兵部尚书明珠，户部尚书米思翰，刑部尚书莫洛等少数人主张撤藩。大部分大学士、尚书等都不主张撤藩，怕撤藩之后引起中原地区的社会动乱。

陈廷敬此时官职不高，参与不到这些讨论中，但是他在皇帝身边，

还是能表达见解的，他极力坚持削藩，也向康熙表述了他的观点。陈廷敬是坚决支持撤藩的，列举了诸多撤藩的好处。这一点可以从陈廷敬这一时期的诗中得到印证。

对于三藩，陈廷敬很清楚，三藩是威胁皇权的最大绊脚石，如果不能撤藩，那么大清的各项命令就很难深入到三藩地区。可以说，鳌拜和三藩比起来，三藩带来的后果更严重。例如，平南王吴三桂，不仅自己选官不向朝廷汇报，而且每年还要索取朝廷的大批军饷物资。再这样下去，清廷会无力供养三藩，最终形成三藩尾大不掉，因此必须撤藩。不过，这些争论只能由康熙决定撤还是不撤？

其实，是否撤藩，康熙也十分犹豫，对吴三桂军队的战斗力很了解，八旗军不见得是其对手，但是，对于吴三桂的真实意图，康熙非常清楚。最后，他认为，吴三桂和朝廷对立已久，"撤亦反，不撤亦反。不若及今先发，犹可制也"。于是，康熙力排众议，毅然决定撤藩，还派专使至滇，雷厉风行地经理撤藩事宜。大臣们有的摇头，有的叹息，有的默然不语。

怒斥叛臣

康熙同撤三藩的决定粉碎了吴三桂"世镇云南"的美梦。吴三桂气急败坏，暗中指使死党向撤藩使者请愿，要求停止撤藩，继而又拖延时日，与心腹将领密谋发动叛乱。他还指使其党羽以"九天紫府刘真人"的名义吹捧自己是"中国真主"，为反叛大造舆论声势。

在经过一阵短暂的准备后，康熙十二年（1673年）十一月底，吴三桂铤而走险，杀死云南巡抚朱国治，自号"周王天下都招讨兵马大元帅"，令部下"蓄发，易衣冠"，起兵反叛于云南。为了给自己的反叛活动披上名正言顺的外衣，吴三桂又扯起了"复明"的旗号。反叛之前，他装模作样地率领部下祭扫桂王陵墓，"恸哭，伏地不能起"，对部下大加煽动。反叛之后，又发布檄文，指责清朝"窃我先朝神器，变我中国冠裳"，并声称要"共举大明之文物，悉还中夏之乾坤"。一场大规模的叛乱活动就这样开始了，南方大乱。一时之间，清军节节败退，形势对吴三桂显得非常有利。

陈廷敬听闻吴三桂反叛之后，怒不可遏，提笔写下了《岁暮杂感二首》，表达对其无耻行为的鞭挞，其一：

> 云山万里一雕鞍，急羽应须起谢安。
> 岭海梅花旌节远，江城金鼓戍楼寒。
> 苦吟独客身将老，小酌幽襟醉后宽。
> 旅兴易伤西望眼，数峰深翠路漫漫。

其二：

> 紫极青霄怅远天，桂阳险绝羽书悬。
> 题诗万马中宵动，草檄孤城百道连。
> 直北风云凭障塞，征南笳鼓在楼船。
> 将军前部何时到，雾散龙沙夜月圆。

第一首诗陈廷敬直抒胸臆，提出立刻起用我们刚刚恩科选拔出来的文韬武略的臣子吧！让他们率领大军前往平叛，不给叛贼喘息之机。可以看出，陈廷敬还是有一定的战略眼光的。诗中提到的谢安，是东晋尚书仆射，淝水大战中为征讨大都督，大破苻坚八十万军队。后人常说："安石不出，将如何苍生？"全诗第一句就写出了军情紧急，急需平叛大将。第二句写的是吴三桂骄横，远在万里之遥，王者之师鞭长莫及。第三句很委婉地说明自己为此忧虑。第四句表明自己心怀感伤，却不能亲临前线。

第二首诗与前一首情感相连，设想朝廷百万雄师合力征剿叛军，将士们奋勇杀敌，虽历尽千辛万苦，但是终将会杀的叛军血流成河，取得辉煌的胜利，一统江山。

借诗言志，是当时文人都喜好的表达情感的方式，陈廷敬自然也

不例外，通过这些诗，不仅抒发了情感，还提升了自己忧国的境界。和我们今天在朋友圈里发表图文很相似，既聊以自遣，也可以让他人了解自己。

康熙虽然年轻，却有着杰出的政治才干。早在撤藩之初，便已对撤藩可能导致的后果有所准备，因此在他得知吴三桂反叛的消息后，镇定自若，措施得当。他首先停撤平南、靖南二藩，以在政治上孤立吴三桂，而后，又在京师处死吴三桂之子吴应熊及其同党，以打击吴三桂气焰，巩固后方。与此同时，为对吴三桂部下进行分化瓦解，康熙皇帝还宣布，在各省任职的吴三桂部下的亲属概不诛连，各安职业。在军事上，康熙皇帝也作了周密的部署。他任命顺承郡王勒尔锦为宁南靖寇大将军，率师征讨吴三桂，还分别派出得力将领硕岱、赫业、马哈达、科尔坤等分赴荆州、兖州、太原、四川等军事重地。虽然在平叛之初，清兵有所失利，但是，由于在政治上是讨逆平叛，经济上是以全国制一隅，时间不长，便扭转了军事上的失利局面，使得正面进攻的吴军，不能越长江一步，双方在战场上暂时出现了相持的局面。

在平定三藩期间，康熙为了加强中央集权，防止辅臣擅权，也为了稳定天下人心，他决心效仿前明册立太子。康熙十四年十二月十三日上谕："授胤礽以册宝，立为太子，正位东宫。……升内阁侍读学士郭岱、翰林院侍读学士陈廷敬为詹事府詹事。"詹事府是辅导太子的机构，詹事是詹事府的最高长官，为正三品。

陈廷敬对此也有记载，"十四年，升詹事府詹事，兼翰林院侍读学士。"

太子是国家未来的皇帝，是现任皇帝的根本，把太子交给陈廷敬教育，这意味着什么？只能说明陈廷敬在康熙的心中的分量很重，很亲近，所以才把自己的儿子交给他管教。詹事府官员对太子的影响最为直接，可以说是言传身教，非品德端庄者不能胜任。自从陈廷敬就任日讲起居注官之后，这几年一直在康熙身边工作，他的言行举止均得到康熙的认可，所以才把他安排到詹事府任职。也正是从这个时候起，陈廷敬和太子建立起了良好的师生关系。

康熙十五年（1676年）正月，康熙又特授陈廷敬为通议大夫，还令他充任经筵讲官。自此，陈廷敬从正四品擢升为正三品，开始步入清王朝高官的行列。尤其是詹事一职，是非常高大上的职务，因为太子是未来的皇帝，这个职务的含金量可想而知。当时有人这样评价陈廷敬："袖然擢宫僚首，盖极稽古之荣矣"。

北行祭告

康熙十五年二月，康熙册封太子之后，按例需要派遣十路使臣祭告五岳、五镇（东镇沂山、南镇会稽山、中镇霍山、西镇吴山、北镇医巫闾山），因为北镇地处清朝的发祥地辽宁，康熙特派詹事府詹事前往，以示郑重。这个重任落在了陈廷敬的头上。

北镇医巫闾山，古称于微山、无虑山、扶犁山、医无虑山、六山等，今称闾山。文献记载，医巫闾山是舜封全国十二大名山之一，又是中国"五镇"中最北的镇山之一。历代帝王多视闾山为风水宝地，加封进爵。辽代，有六位皇帝先后四十多次来闾山狩猎、祭山、祭祖。这里埋葬着辽的三代皇帝和几十位皇妃，二十几位大臣，其中有皇太后萧燕燕、贤臣韩德让等历史上重要的人物，闾山成了辽代帝王的生命之山。明代帝王名臣都认为闾山可与泰山、华山一并称雄。从北魏文成帝开始，隋、唐、宋、辽、金、元、明、清历代朝廷凡遇庆典，都来闾山告祭。隋开皇十四年，诏封医巫闾山为"北镇名山"，并就山立祠，建庙设祖。唐天宝十年封其为广宁公，宋、辽、金皆封其为广宁王，元封其为贞德广宁王。明洪武三年改封其为"医巫闾山之神"，清代沿用此神号。

清廷对闾山更加尊崇备至，康熙立太子之后，大学士李霨进言："北镇之役，天子念丰镐之地，秩祀大典，非文学禁近、誉望凤孚之臣，不足以宣德义而和神人，故子端复受命以行，于是肃将天语，恪恭葳事，逾月而旋，可谓畏此简书不遑启处者矣。"意思就是说必须派德才兼备的大臣去"秩祀"才合适。这说明此时的陈廷敬在大家眼里已经是

一个德高望重的人了，已是康熙皇帝的"文学禁近"之臣，也是朝廷的"誉望夙孚"之臣。

关于去北镇的点点滴滴，陈廷敬有百余首诗描述，后来集为《北镇集》。后来，清代学者徐乾学说，廷敬"历卢龙，出榆关，循辽宁之塞，望东海而临碣石，鸣笳启路，河山千里，乃始秩于医巫阁之下而告竣"。

陈廷敬奉使祭告北镇，他不为辛苦，行程数千里，他在河北及辽东大地转了一圈。在举世闻名的山海关南边的老龙头处，筑有周长一里的宁海城，内有澄海楼。陈廷敬走到此地时，特别观看了澄海楼。

澄海楼，始建于明末，为万里长城东端第一座城楼。楼上悬有明朝大学士孙承宗手书"雄襟万里"匾额。"澄海"即"大海澄清，海不扬波"。这是流传于世的一个典故，象征圣人治国，天下太平，曾被称作"知圣楼"。它矗立在地势险峻的老龙头上，背山面海，大木架结构建造，九脊歇山式，二滴水明式建筑，外设围栏，内设桌椅。登楼远眺，海涛光涌，云水茫茫，极为壮观。登上老龙头的澄海楼俯身下望，"入海石城"吞吐海浪，激起飞涛如雪；极目远眺，海天一色，巨浪奔涌，气吞海岳，使人心襟大开，豪情满怀。更为奇特的是，有时海面上风号雷吼，浊浪排空，岸上风声阵阵，木摇草伏，而登上澄海楼观海的人却静寂不觉，这便是名闻古今的"海亭风静"胜景。

和我们今天一样，出外旅行或者出差的人都喜欢发个朋友圈或者微博什么的，陈廷敬也是这样，走了一路，写了一路的诗文。陈廷敬诗的最大特点就是精于写景。他的山水诗非常有特色，在这次祭告北镇之行中，他诗兴大发，写下不少诗篇。《澄海楼观海》便是其一，全诗气象万千，恢弘博大，读来令人热血沸腾：

燕山蜿蜒如游龙，东将如海陵虚空。

峦壑汹涌变形状，腾波赴势随飞虹。

长城枕山尾掉海，海楼倒挂长城外。

地坼天分界混茫，山回城转横烟霭。

楼脚插入大海头，巨灵触搏海怒流。

呼吸万里走雷电，靳凿中涌堆山丘。

乍到魂虑忽变愮，意象懔慌难寻求。

五岳拳石渺一粟，九洲小屿浮轻沤。

沧溟浩荡乾坤窄，弱水流沙在咫尺。

扶桑弄影杳何处，空青一线摇金碧。

却忆洪涛泛滥时，苍茫神禹经营迹。

百川既导万穴归，天吴海若安窟宅，四海以内真弹丸。

秦还汉往如翻澜，海月万古堆玉盘。

愿得一食青琅玕，乘风破浪生羽翰。

我来手拍洪崖肩，仰天大笑忘愁叹。

　　该诗大笔如椽，山水意象硕大，大海意境壮阔，郁勃着大自然的沉雄之气，亦显示出诗人豪放的胸襟，颇得杜诗的神韵。此诗前四句写连绵起伏的燕山如游龙蜿蜒而来，山势雄奇。次四句写山海关雄姿与澄海楼形势，写出其位于山海之间山水混茫之地。其后浓墨重彩地写登上澄海楼观海的情景，写出海浪如山、喷雷走电、水天缥缈、怒流澎湃的雄伟壮观景象，并用五岳拳石、九洲小屿、天地为之狭窄、扶桑渺不可寻等多种手法渲染衬托，写的有声有色，雄起变幻。继而写大禹治水，导百川而归于海，而天下以安，神鬼都有休息之所。后七句写宇宙之无限，自然水永恒，而人事有代谢，秦还汉往速如翻澜，浮生苦短。还望传说中的蓬莱仙境，顿生飘飘然羽化而升仙之感。意在言外，有惜时如金及早建功立业之意。

　　北镇之行，是陈廷敬第一次以京官的身份肩负重要使命离开京城的，他对祭告之礼十分熟稔，各种仪式也十分精通，所以心里没有太多压力。这次北镇之行，也是他第一次踏上清朝的发祥地，心情格外激动，建功立业之心异常强烈。在《赴北镇发京作三首》诗之三中，他写道：

　　旧披辽海图，天地疑将穷。

远游足自豪，万里浮空濛。

日月出海水，乃在扶桑东。

男儿志四方，蹙迫以自终。

翻慕游侠儿，鞍马生雄风。

行行尽绝漠，仗剑凌长虹。

　　这首诗很有曹操《观沧海》的意境，值得细读。"天地疑将穷""日月出海水""万里浮空濛"，开篇就是大场面，视野寥廓，大海的壮阔景象尽收眼底，陈廷敬寥寥数笔就写尽辽海的壮阔之美，气势雄大。诗的后半部分写游侠突出胸中豪情，更是神来之笔。"翻慕游侠儿，鞍马生雄风。行行尽绝漠，仗剑凌长虹。"情景交融，抒情而景在其中，写景而意在言外，确属上乘之作。

　　这首诗写出了陈廷敬的壮志情怀。前面的描写，是从海的平面去观察的，这四句则联系廓落无垠的大海，纵意宕开大笔，将大海的气势和威力突显在读者面前：茫茫大海与天相接，空濛浑融；在这雄奇壮丽的大海面前，日、月都显得渺小了，它们的运行，似乎都由大海自由吐纳。陈廷敬在这里描写的大海，既是眼前实景，又融进了自己的想象和夸张，展现出一派吞吐日月的宏伟气象。言为心声，如果他没有宏伟的政治抱负，没有建功立业的雄心壮志，没有对前途充满信心的乐观气度，那是无论如何也写不出这样壮丽的诗境来的。

　　陈廷敬诗歌"时露霸气"，指的就是《赴北镇发京作三首》这类作品。但是，他又是一个特别谨慎踏实的人，在政治舞台上，一切都遵照康熙的安排行事。这其实就是陈廷敬的政治智慧。

　　陈廷敬一路北行，抵达北镇闾山，圆满地完成了祭告仪式。这表明，康熙向天下宣告，他的帝位后继有人，大清江山永固。

亲近之臣

　　康熙十五年九月五日，即陈廷敬升为詹事府詹事不到一年的时间，他又转任为内阁学士兼礼部侍郎，接着又被任命兼任经筵讲官。礼部侍郎是他真正参与到实际工作中的一个职务，这让他有了理论联系实际的机会。

关于清朝内阁学士的官品，据《清史稿·职官志》称："初制，满员二品，汉员三品。顺治十五年，并改正五品，兼礼部侍郎者正三品。雍正八年，定从二品。后皆兼礼部侍郎衔。"故康熙时内阁学士兼礼部侍郎，仍是三品官。他的职责是掌批"题本"之外，还要"参赞政事"。因为他还兼任经筵讲官，还必须在春秋两季举行"经筵"典礼上给皇帝讲课，即向皇帝"敷宣经旨"以求达到皇帝能够"留心学问，勤求治理"之目的。自此以后，陈廷敬升任各要职，直到升任大学士，均兼充经筵讲官。

康熙十六年（1677年）正月，清政府决定"以内阁学士陈廷敬为翰林院掌院学士"，紧接着又决定"命翰林院掌院学士陈廷敬教习庶吉士"。至此，陈廷敬已身任翰林院掌院学士兼礼部侍郎、教习庶吉士、经筵讲官和日讲起居注官等要职。

翰林院是清朝非常重要的国家机构，其主要任务是参与会试、培养人才、修纂各种书籍、掌管对皇帝的经筵日讲等，是一个学术、文化色彩非常浓厚的机构。翰林院的掌院学士又是翰林院之首（满汉各一人），向来是由"夙具才干""深通翰墨"的大臣来充任。陈廷敬被选任此职，无疑是极为合适的人选，这也为他后来升任内阁大学士打下了基础。

教习庶吉士，是一个很有分量的职务。陈廷敬当年进入庶吉馆学习时，就是跟随教习学习，受益匪浅。如今他庶吉士毕业十六年之后才成为教习庶吉士，可见这个岗位对教习的要求之高。陈廷敬这些年来在康熙身边担任起居注官和经筵日讲，耳濡目染，精心备课，研究经学等，学问水平早已大幅提升。因此，他此时担任的诸多职务都是体现他学识的，但是能不能把学到的理论运用到实际工作中，这还是个考验。

康熙十六年（1677年），康熙为了与翰林院词臣们研讨学问，吟诗作画，在乾清宫西南角特辟房舍以待，名"南书房"。在翰林等官员中，"择词臣才品兼优者"入值，称"南书房行走"。入值者主要陪伴皇帝

赋诗撰文，写字作画，有时还秉承皇帝的意旨起草诏令，"撰述谕旨"。

南书房"密迩宸宸，不仅如前代秘书阁、集贤殿，入值者止供文翰而已。凡诏旨密勿，时被顾问，非崇班贵禀、上所亲信者不得入"。表面上看，南书房是康熙为了提高工作效率而临时增设的一个办事窗口，实际上这是他加强皇权的一个手段。

南书房的设立，是康熙削弱议政王大臣会议权力，同时将外朝内阁的某些职能移归内廷，实施高度集权的重要步骤。康熙亲政以后，他的权力一则受议政王大臣会议的限制，国家大事需经过议政王大臣会议，而这些满洲王公贵族地位较高，有时与皇帝意见发生矛盾，皇帝也不得不收回成命；二则内阁在名义上仍是国家最高政务机构，控制着外朝的权力，康熙为了把国家大权严密地控制在自己手中，决定以南书房为核心，逐步形成权力中心。到了雍正时期，雍正搭建了军机处，更是把六部的诸多权力直接接管过来，加强皇权。这是题外之话，总之，康熙设立南书房的目的是为了加强自己的话语权。从史料上看，查不出是康熙自己想的这个主意还是某位大臣给他出的主意，但是我们可以从入选南书房的臣子来分析这个事情。

能入值南书房的官员自然都是康熙最信任的臣子了，所以众多臣子对南书房都视之为清要之地，能入则以为荣。在南书房设立初期，首批入值的是沈荃和励杜纳，后来时任翰林院掌院学士、日讲起居注官的熊赐履和任翰林院编修、充日讲起居注官的张英，内阁中书高士奇也在这一时期在南书房入值。像明珠、索额图这样的实干家一个没有，入值的全是一群文化人，对这些人，康熙都以师友对待，倍加信任，而且提拔重用。任何一个想法都是有起因的，首批入值南书房的官员大多是崇尚皇权至上的人，他们中的某个人也许就向康熙提了这个建议。

中国第一历史档案馆藏有《南书房记注》，系为数极少的南书房档案。由于南书房"非崇班贵檀、上所亲信者不得入"，所以它完全是由皇帝严密控制的一个核心机要机构，随时承旨出诏行令，这使南书房"权势日崇"。

因为工作的重要性，压力很大，所以入值者都是轮流上班，有的三五日一换，有的十数日一换，一般都是看个人能力，主要还看康熙是否提出需要更换，轮值最长的有数十日的，比如后来进入南书房的陈廷敬，曾有过连续轮值一个多月的状况。

守口如瓶

入值南书房的官员都得以与康熙培植私人情感，他们在政治上结成最得力的盟友，学习上成为师友，他们成为康熙了解紫禁城外面世界的一个渠道。在所有的南书房官员中，和康熙最亲近的不是陈廷敬，而是高士奇。

高士奇（1645—1704年），字澹人，号瓶庐，又号江村。高士奇是个秀才出身。康熙非常喜欢他的理学文章，高士奇从此踏上仕途。康熙十年（1671年），高士奇入国子监，试后留翰林院办事，供奉内廷，为康熙所宠幸。康熙十一年（1672年），康熙东巡，高士奇随驾。康熙十四年（1675年），高士奇被授为詹事府录事。康熙十五年（1676年），高士奇升为内阁中书，领六品俸薪，住在康熙赏赐他的西安门内。高士奇每日为康熙讲书释疑，评析书画，极得信任。康熙十六年（1677年），高士奇被授为中书舍人，入值内廷，康熙赐御书"忠孝"。这样一个被康熙誉为"忠孝"的人，后来和陈廷敬争斗的不可开交。

高士奇不仅入值时间不离康熙半步，而且对康熙下班之后做了什么事，见了什么人，说了什么话，他都要努力想办法弄清楚。他对康熙工作之外读了什么书尤其感兴趣。为了探听到这些信息，高士奇每天从家里出门时，都要带上一小袋金豆子，一到宫里，就找康熙身边的贴身小太监，详细询问康熙的生活起居和工作情况。太监每提供一条有价值的信息，高士奇就送上金豆一颗。

高士奇一旦获知康熙读了什么书，回家之后必定马上找来翻阅，即使是对书的内容不感兴趣，也要赶在康熙之前读完，其目的就是为了康熙问到书中内容时，能回答个八九不离十，正是因为高士奇善于揣摩圣意，所以才一直得宠。高士奇甚至还买假画献给康熙，康熙自然不辨真

假，便欣然笑纳。如果说乾隆的宠臣是和珅的话，那么康熙的宠臣就是高士奇了。

高士奇因为贴身服务康熙的原因，其地位、影响日益上升，甚至大学士明珠都要巴结他，高府中每天前来打探消息的人络绎不绝，一般的官员高士奇都不会接见，那些在朝中掌握着实权的大员经常出入高府，以便获得康熙的第一手资料。

身为起居注官的陈廷敬对高士奇的所做所为看得清清楚楚，他对康熙的公私之事从不多言一个字，高士奇的做法和陈廷敬恰好相反，这就导致二人很难相处。陈廷敬十分反感高士奇的行为，但是却不能针锋相对，因为康熙此时最宠高士奇。

陈廷敬非常有智慧地告诉康熙，为帝王者要谨言慎行。他说："帝王以天下为家，一言之微，有前后左右之窃听；一行之细，为子孙臣庶之隐忧，是以圣帝明王必慎乎此。"康熙很快就理解了他的意思，他知道肯定有身边的近臣、侍卫、太监、宫女等人泄露了自己的言行，陈廷敬这是在提醒自己。

陈廷敬虽然几年前就任日讲起居注官了，可是并未直接给皇帝讲课，而是同其他进讲的日讲官一起整理讲章。从康熙十六年（1677 年）三月九日起，他才正式开始给康熙进讲。在康熙十六年至十七年的年底，他曾连续多次进讲，所讲内容有《通鉴纲目》《孟子》《尚书》《易经》等。已经是康熙近臣的陈廷敬，通过当面给康熙进讲，同康熙的关系又靠近了一步。这一期间，他还编写了《日讲四书解义》《日讲书经解义》《日讲易经解义》等书，大约六十万字。编写、整理这些解义，都是在他对经学研究基础上进行的。因为向康熙讲解，既要解释经学之微言大义，又要阐述自己的独到见解并启发康熙思考，让其理论联系实际，所以陈廷敬格外用心进讲。

康熙学有所成，自认为比许多进士或者翰林还要有学问，曾经多次让讲官难堪。史书上就曾记载他责难太子的师傅，考问他们文章，让他们背诵名篇，一旦背不出来，康熙就会冷嘲热讽。

陈廷敬的讲稿都是认真写成的，并且在家里反复演练，之后还在庶吉馆教习，取得了很多讲习经验。他在康熙面前一开讲，立刻就吸引住了这位年轻又有才华的皇帝。

康熙提了几个问题，陈廷敬都解答的十分清楚，令他茅塞顿开，直呼大有收获，对陈廷敬赞赏不已。"发明圣经贤传之旨，垂示来兹，用资治理"，康熙确实从诸多进讲大臣的言论中找到了治国之策。就陈廷敬而言，他所讲的内容，很多都是自己的研究心得，他和康熙之间，更像是教授带着自己的研究生上课一样。

康熙基于对陈廷敬的进一步了解，就更加对他予以重用，于是便有了陈廷敬入值南书房的上谕。康熙十七年（1678年）七月二十八日，《清圣祖实录》记载："召翰林掌院学士陈廷敬、侍读学士叶方霭入值南书房"。陈廷敬入值南书房之后，成为与康熙朝夕相处并"掌王言""承顾问"的近臣。

实际上，在此之前，陈廷敬就已经在南书房"实习"了一段时间，据他回忆："康熙十七年闰三月二十一日，予与侍读王君贻上被召，入直乾清宫之南殿，宫中所谓南书房者，侍读学士张君敦复晨夕侍上之直房也。予与贻上入直二十有八日，……见圣天子万几燕闲，从容于文章翰墨之娱，而侍从之臣蒙恩宠而被清光，有歌颂所不能形容，而言语所不能记载者。遭逢此时，呜呼盛已！"

就是这样一段"南书房实习生"经历，让陈廷敬"蒙恩宠"，继而发出"呜呼盛已"的欢呼。的确，能够成为皇上的御用秘书兼助理，这在朝廷里是多么荣耀的一件事啊！此后，他便从翰林院掌院学士成为与康熙形影不离的亲近之臣。

这一年，陈廷敬好运连连，他被任命为纂修《皇舆表》的总裁官，成为喜获丰收的一年。

丁忧守制

康熙十七年（1678年）十月二十九日，陈廷敬的母亲张氏因病去世了，享年五十九岁。陈廷敬接到家乡传来的消息，无限悲伤。可是，公务繁忙，他却不能立刻返回家乡奔丧。

得知陈廷敬的母亲去世，他的同僚也以当时最常用的方式表达哀思，刑部郎中汪琬撰《诰封陈母张淑人墓志铭》及《祭陈母张太夫人文》；词科总裁官叶方霭也撰《张淑人传》赠予陈廷敬，表达内心的伤痛和敬佩其母之情。

十二月初八日，吏部上了个折子，对兵部尚书王熙丁父忧、翰林院掌院学士陈廷敬丁母忧的事情做了个组织关怀，康熙便下旨："满大臣有丧，特遣大臣往赐茶酒。满汉大臣，俱系一体。汉大臣有丧，亦应遣大臣往赐。著大学士明珠、翰林院掌院学士喇沙里等，携茶酒往赐。"把满汉大臣当作"一体"，符合康熙"联汉"的思想和政策，但平等对待满汉大臣的丧事，首先是从陈廷敬开始的，这反映了康熙是很敬重陈廷敬的。

不仅如此，当时部仪：廷敬母以詹事任封，例不得与祭葬。上曰："廷敬侍从勤劳，其母准照学士品级赐恤。"一个三品汉官的母亲"照学士品级赐恤"，这在当时是非常荣耀的。对于上述这一切，汪琬就有深刻的感受。他说："子端陈先生将奔其母张淑人之丧，所司以闻，天子为之恻然，诏遣学士屯泰公、喇沙里公劳问先生于丧次，赐以乳茶、桐酒四器，且宣上谕曰：'尔廷敬宜乎过衰，以致灭性。'恩意有加焉。已而复命，上又问先生动止容色如何？两学士具以对。呜呼休哉，此皆君臣相与之异数。考诸故事，惟满洲重臣始得之，先生汉人也，其官又甫及三品，顾独蒙眷注优渥如此，本朝三十余年未曾有也。"汪琬与陈廷敬同期为官，并且是好友。在他看来，皇帝派人赐茶酒和关注陈廷敬在母丧中的情况，乃是"君臣相与之异数"。

很多官员对陈廷敬受到的恩宠看不明白。的确，康熙对待陈廷敬及其母的礼数，超过了日常规格。可是，陈廷敬并没有什么值得奖赏的功绩，为什么会让康熙以重礼相待呢？

早在康熙十一年（1672年）七月，康熙因《清世祖实录》完成有功，特奖陈廷敬银币、鞍马，并加一级食俸。接着于当年十一月初八日，陈廷敬又因进讲，同讲官傅达礼等一起，接受康熙赐给的貂裘、羔裘、缎等物。康熙十二年（1673年）十月十二日，康熙曾"特赐"讲官熊赐履、陈廷敬、张英等八大紫貂、白金等物。总之，在近几年陈廷敬得到的封赏和晋级等都超出正常规格，从中可以看出康熙对他"独蒙眷注优渥"。

究其一点，陈廷敬学识过人，能力强，又不拉帮结派，为人正直，不畏权势，康熙敬重陈廷敬这样的汉子，所以对他恩宠有加。

享此荣誉，陈廷敬感恩涕零，郑重地谢主隆恩。在交接了手头的工作后，他于康熙十八年（1679年）正月踏上了返回故乡山西泽州的路，为母亲丁忧守制。

丁忧是中国封建社会传统的道德礼仪制度，根据儒家传统的孝道观念，朝廷官员在职期间，如若父母去世，则无论此人任何官何职，从得知丧事的那一天起，必须辞官回到祖籍，为父母守制三年，也有守制二十七个月的，这叫丁忧。

按照此礼，丁忧三年期间不能外出做官应酬，也不能住在家里，而要在父母坟前搭个小棚子，"晓苫枕砖"，即睡草席，枕砖头块，要粗茶淡饭，不喝酒，不与妻妾同房，不叫丝弦音乐，不洗澡、不剃头、不更衣。

陈廷敬是有名的孝子，而且还是家族最耀眼的"明星"，一举一动都被人关注。在籍丁母忧期间，他在母亲的墓地搭建了土木结构的简易屋子，并起名"陟屺楼"。"陟屺"一词出自《诗经·魏风·陟岵》："陟彼屺兮，瞻望母兮"，指久居在外的人思念母亲。

陈廷敬觉得没有报答母亲的养育之恩，非常内疚，他在"陟屺楼"守制三年，专心为母守孝。第一年他安心守在母亲的墓前，完全停笔，不再写作，每天一想到母亲就流泪。为了寄托哀思，他不停地读书，看了许多先前无暇兼顾的书籍，收获甚巨。直到第二年他才恢复作诗，写写杂文，偶尔还走亲访友，冲淡一下丧母的伤痛。

陈廷敬是康熙身边的近臣，回到家乡丁忧，地方官无不想巴结他。于是，他们各种献"孝心"的手段都用尽了：请客送礼，供奉祭品，披麻戴孝，坟头痛哭等。

对这些人，陈廷敬均令下人持扫帚赶走，对他们避之如猛虎，对各种钱财礼品均予拒绝。一贯行事谨慎的陈廷敬因为自己是朝廷大员、皇帝近臣，为了避免闲言碎语，他刻意低调行事，减少露面的机会，严拒各种拜访和邀请。"不敢以一字通官府，犯《礼经》不语之戒"。

即便是这样，想攀附陈廷敬的人还是很多，他敏锐地感觉到世风日下，社会风气不良，连基层小吏都如此腐败，那么县城、省城又会怎样呢？

为民请命

在家丁母忧期间，陈廷敬渐渐接触地方民生，了解到当地的民情，对一些丑恶现象深恶痛绝，可是又不便插手地方政务。唯有一件事，他却痛心不已，不惜针砭痛责，直面地方官府，那就是基层教育问题。

陈廷敬年少时，泽州教育水平还是蛮不错的，每年向上输送的优秀学生非常多。可是这么多年过去了，当地的教育水平不但没有进步，反倒降低了。教育领域里的腐败现象处处可见，穷人家的孩子想要靠学习出人头地，难上加难。许多农家子弟都放弃了学业，私塾先生收不上来学生，饿得跑到外地谋生。

陈廷敬既痛心又愤怒，他觉得不能坐视不理，便写信给省提学、本地学官以及里中乡绅，希望他们下来实地看一看基层的教育问题，如果能及时革弊兴利，上下齐心，大家捐资助学，一定能改变教育现状。在他的《与刘提学书》中，他开门见山，指出泽州教育落后的现状："当泽州盛时，州试童子可二千人，上之学使者千有余人。州所隶县如阳城，试童子发可千余人，州再试之，上之学使者亦六七百人。其三县高平、陵川、沁水，悉号为最盛。今泽州应童子试者，不过二百人，阳城四十五人。阳城如此，三县可知矣。一州如此，天下可知矣。学校者，人材之薮渊。人材者，国家之桢干。而一旦衰落至此，是可叹也！"

这种情况确实让陈廷敬费解，山西社会太平，经济日渐繁荣，百姓也安居乐业，为什么教育反倒衰败到如此地步？陈廷敬经过调查走访，找到了原因所在："凡若此者，其患始于进额太少，其弊成于请托货赂之公行。今进学额数人耳，而富贵有力之家辄攘之以去，单寒之子淹抑坐叹……司文者既不以教养为心，又从而催辱之、剥削之，其谓之保等者，取其资，保其不出三等者也。又最甚者，其始故置劣等，扬言于外，不肖州县学官为之通关税，贿而后置之三等，谓之拔等。前此诸公，多有行之者。"

这段话赤裸裸地揭露了泽州教育存在的严重问题，即便是放在我们今天，个别的地方也存在这些现象。贪污受贿，教育腐败，富豪之家为所欲为，挤占名额，官府挪用教育经费，贫寒学子只能望洋兴叹。陈廷敬对这些贪腐分子深恶痛绝，就差指名道姓地说出都有谁腐败了。陈廷敬是个非常聪明的人，虽然他官高位重，但是这些地方事务他是不插手的，而且也不是一个职能系统的，他只提出诚恳的建议，"大破情面，力革陋规"，希望这些父母官和乡绅们能"前项旧弊，痛加扫除"。

面对来自京城皇帝身边近臣的书信，刘提学不得不做出积极的姿态。他立刻前来拜访陈廷敬，当面请教振兴教育之举，言辞诚恳，信誓旦旦。陪同的地方政府官员，对教育存在的问题当面做了检讨，保证根据陈廷敬的指示和刘提学的建议及时整改。乡绅们也痛彻心扉地陈述教育发展滞后，已经严重影响到当地经济的发展，他们主动表示会大力捐钱、捐物助学。

陈廷敬懂得官场潜规则，既然他的提议起到了一定作用，就含蓄地批评他们几句，基层工作再难也不能忘记教育，同时对他们高度重视教育问题感到欣慰，最后督促他们尽快落实整改措施。陈廷敬的官威唬住了这些地方官，当地的教育现状得到一些改善，让寒门学子得到了一丝温暖。教育质量虽然不能完全达到陈廷敬要求的程度，但是终归是提升了。也因为有陈廷敬在京城坐镇，泽州甚至山西的其他地方官都不敢怠慢，教育投入一直超出邻省许多，山西考生受益良多。

自从陈廷敬责问地方教育问题之后，他和故里的感情进一步加深了。有些地方官员或者名人来吊唁，陈廷敬待之以礼，但绝不越雷池半步。丁母忧的三年，是陈廷敬一个难得的思考、总结、提升的关键时

期，他认真地回顾了这些年的学习和工作经验，开始有系统地归类各种心得体会，多个筹划已久的书目开始动笔……

切磋学问

为了切磋学问，陈廷敬专程去高平拜会了致仕为农的毕振姬。毕振姬，字亮四，号王孙，又号颉云，高平县人。毕振姬是顺治时期的进士，官至湖北布政使。他一生勤奋读书，精研经史典籍，著有《四州文献》《西北文集》。他以儒家思想的标准严格要求自己，为官兢兢业业、克己奉公，恪尽职守；居家，勤劳简约。虽然受时代和阶级的局限，他的一些思想显得迂而可笑，但在苛政迭出、贪风日炽的封建社会，他对民生的注重和对贪吏的批判，却具有一定的社会进步意义。

陈廷敬早就敬仰这位同乡，这次见面对他触动很大。毕振姬家蓬草满院，牛羊鸡怡然吃草啄食，各种杂物堆得到处都是，完全是一副毫不修饰的农家田园风光。毕振姬贫困潦倒，家里却藏书甚多，而且很多书都是珍本，世所罕见。

毕振姬热情接待了陈廷敬，留他吃饭。桌子直接摆在院子里，鸡狗围着桌子转来转去，想索要几粒食吃。他们吃的全是毕振姬种的菜，喝的是农家酒。"酌"之"流泉"，"饭"之"脱粟"，两个人却聊的十分开心。这两位对贪污腐败格外痛恨的人聚在一起，谈得最多的就是如何惩处贪官，做一个清官，爱民如子的好官……

临别时，毕振姬赠予陈廷敬一本自己编的书，这本书"手自抄写，……属之史乘，皆所谓世不常见者"。看着工工整整的蝇头小楷，陈廷敬自愧不如，对其治学之风更加钦佩，回到家还是赞赏有加，便写了《毕亮四论订历科经义序》，以补其"老而务传"。毕振姬的治学之风极大地影响了陈廷敬，后来，陈廷敬又写信给他，表达对他的敬仰之情。

这段时间，是陈廷敬极其难得的一段休整时光，他除了为母守制，还可以时时孝顺父亲。陈昌期如今已经年迈，豪气却不减当年。这些年来，陈昌期多次造福乡里，捐资助学、修路建桥、免除乡邻债务等，成为远近闻名的大善人。回乡守制的陈廷敬也受到乡邻们的爱戴，他感受着家庭带给他的一切荣誉。父亲再一次和他谈起做官不要贪的事情，还和他回忆母亲早年教育他的话，让陈廷敬格外悲伤，他在父亲面前发誓绝不做有辱于家风的事情，一定不辜负父母的期望，做一个青史留名的好官。

陈廷敬特别孝顺，他自幼所受的教育已经融入骨髓，做人、做事都有自己的准则。父亲的话，家乡的一草一木，让他格外亲切，这里是他出生、成长和求学的起点，为了不忘初心，他写了很多抒发内心情感的诗，比如《太行四首》，其一：

> 天井关门跨碧空，太行开辟想神功。
> 遥连绝塞羊肠尽，下视中原虎踞雄。
> 嵩岳诸峰元拱北，河源万里远随东。
> 驿楼斜日凭轩意，回首萧萧落木风。

其四：

> 绝嶂登临兴未孤，白云回合尽平芜。
> 界分韩魏初盟土，表里山川旧帝都。
> 曾度千峰趋大漠，懒从五岳问真图。
> 更见天上黄河水，长作岩前雪练铺。

陈廷敬雄浑的诗风，坦荡的个性，为国尽忠的情感表露无遗。这既有对表里山川山西省的深情歌颂，又有推及内心，似有未尽之情，也许这是他纠结于母亲的病逝而伤心的缘故吧！

第七章 大刀阔斧

陈廷敬重返京城之后，康熙派他到多个部门担任重要领导职务。陈廷敬本着求真务实的态度，认真调查走访，除弊兴利，积极打破旧的传统，在自己所辖的部门内强力改革，并大力反腐，惩办贪官，在京城掀起惊涛骇浪……

学识过人

康熙二十年（1681年）八月，陈廷敬在家守制期满，便乘着马车离开家乡，返回京城。天气炎热，他每天早早起床赶路，中午找个休息的地方歇一下脚，下午太阳不太毒辣了再继续赶路，傍晚投宿。走了大约三个月，于十月下旬风尘仆仆到达北京。

陈廷敬本来有些担忧自己的前程会受到影响，可是康熙却派了南书房的代表张英、高士奇予以接风洗尘。张英才学过人，品德修养极高，能力极强，令人敬佩；高士奇才学也很高，但是品德和能力就差了许多。这两位大员代表康熙对陈廷敬表示了亲切的问候和关怀，令他十分感动。

虽然回到京城，陈廷敬没有立即参与到工作中去，而是在家里调养了两个月，期间逐渐接手工作。康熙很爽快，直接下令恢复了他丁忧之前所有的官职和工作内容，也就是翰林院掌院学士兼礼部侍郎、日讲起居注官和经筵讲官、教习庶吉士等官职。

从陈廷敬的工作岗位上看，几乎都是彰显文化底蕴的工作。这是因为他这么多年来一直从事的工作内容都和文化相关。

从顺治十五年（1658 年）选为庶吉士到康熙二十年重任翰林院掌院学士，前后历时二十三年，陈廷敬不仅成为一个卓越的政治家，而且也成为在学术领域造诣很深的文学家、经学家。清朝有句官场流行语"一年清知府，十万雪花银"，说的是清朝官吏一旦进入仕途，大多是欺上瞒下，贪污受贿，中饱私囊，最终目的还是为了升官发财。然而陈廷敬进入仕途之后，却花了很大精力致力于学问，成为一名学者型官员，这又是为什么呢？

第一个原因就是良好的家族传统和父母的教诲，他受到陈氏家族数代严谨治学的影响；第二个原因就是他对文学和品德修养的毕生追求。陈廷敬做官又治学，他与一般追求升官发财的官吏不同，他心中一直都有一个独特的价值取向，那就是"四个必须"坚持，即必须坚持"以民为本"，必须坚持"力行教化"，必须坚持"厘剔凤弊"，必须坚持致力于国富民强。所有这些要做的事，都离不开官吏的品德和能力，所以陈廷敬认为应该向先贤学习，就应该深研经史，向古人学习智慧。他的治学就是要"探六艺之秘薇"，"索乎历代盛衰之故"，以"备国家异时之实用"。

康熙是一个难得的勤政务实的皇帝。陈廷敬饱读史书，自然知道历史上的皇帝形形色色，昏君、庸君、暴君比比皆是，一个臣子能遇到有作为的皇帝实属不易，因此他格外珍惜。陈廷敬是站在历史高度上看待清朝发展的，也是站在古人先贤的肩膀上辅佐康熙的，能够以自己的学识影响到皇帝，这份殊荣足以光宗耀祖，泽被后世了。关于他孜孜治学的过程和内容，他自己是这样说的："吾学亦屡变也。其始学诗，当其学诗，而见天下之学无以加于诗矣；其继学文，当其学文，而见天下之学无以加于文矣；其继学道，而见天下之学无以加于道矣。"

从这句话中，可以得知，陈廷敬对治学的认识是逐渐加深的，他学诗、学文、学道（经学），逐渐打开视野，从一个方面的涉猎转变成兼容并包。纵观其一生，他的治学是恢弘宽广的，对诗、文、道的研究是相互交融并且互相促进的，而不是割裂的。陈廷敬以道学（经学）为其

学问的根本，不论其诗或者其文，都是蕴含于经学之中的。

在家守制丁母忧期间，陈廷敬更是系统地整理和总结了对经学的研究成果，这段时光是他学问最重要的增长期。没有了公事的烦扰，他可以一心一意地写作和作研究，因此收获甚大。即便陈廷敬不从政，他的知识体系和成果也足以让他在清朝文坛上有一席之地。

大学士李光地有这样一番点评，是在陈廷敬去世后写的《说岩陈公墓志铭》。李光地这样回顾和总结了陈廷敬光辉的一生：

公生有异禀，九岁尝赋牡丹，有"要使物皆春"之句，闻者已惊其度。博涉经史，爱河津薛文清《读书录》，所得尤多。工书，善吟，篇翰流传，人皆宝贵。当在史馆，前后辈皆名士，公与驰骋上下，相顾推谢。仕官五十余年，不离文字之职。迥翔馆阁，出入台省，皆带经筵内直。

这段墓志铭的内容在清朝时期基本就是墓志铭的范例，大家都这么写，开篇称赞陈廷敬自幼就有作诗、治学的天赋。接着李光地又提到他接受了薛瑄的影响，一心治学。的确，陈廷敬走上治学的道路是和他少年时期精读薛瑄的著作分不开的。在庶吉士学习期间，陈廷敬尽管身边都是学识渊博的名人，但他一点都不胆怯，经常和他们一起切磋学问，努力提升自己的格局。最后，李光地又回顾了陈廷敬长期在翰林院和南书房工作的经历，突出他学问的高深。这段点评确有可取之处，但是没能完全概括陈廷敬的一生。

中国古人学而仕则优的现象随处可见，但是能像陈廷敬这样的政坛多面手并不多见。因为某些特殊的原因，康熙对陈廷敬的使用可以说是尽其所能。哪里出现危机，哪里缺少人手，康熙就会把陈廷敬派到哪里去。陈廷敬每一次都没让康熙失望，工作干得有声有色，让康熙十分满意。

陈廷敬丁母忧回归京城，经短暂的调养之后，他就被康熙指派到新的工作岗位上。

以诗明志

陈廷敬回到北京的时候，恰好清军云南大捷，即长达八年的平定三藩的战争取得了辉煌胜利。朝廷开了个普天同庆的庆功大典，很多人都因此加官晋爵。朝廷内外一团和气。

陈廷敬被封赠为通议大夫。他自感在家为母守制，没有为国家出力，没有为皇帝解忧，心中略有愧意，但还是按捺不住激动的心情，写了十首《滇南大捷》的诗作为平叛大捷献礼。第一首诗这样写道：

> 夜半传呼万岁声，边书送喜拔围城。
>
> 霜天破贼烟尘静，不待新年贺太平。

诗文表达了胜利的喜讯传来，大清上下全民欢呼雀跃，说明平定叛乱不仅国家受益，老百姓更是欣喜万分。这表明大清已经得到汉族人的认可和接受，康熙是一个亘古难遇的明君。这首诗不露痕迹地歌颂了康熙的英明伟大，堪称写诗的高手。我们再来看看第五首：

> 烽火双悬大将旗，孤城三道集王师。
>
> 遥知铜柱销兵地，别号昆明洗甲池。

这首诗运用了一个典故，出自《史记》。即秦始皇统一天下后，为了安天下之心，他下令收天下兵器，融化后铸成十二个铜人。陈廷敬借此说明三藩平定，天下归于太平，销毁兵器，还民安居。"昆明洗甲池"，这是把吴三桂盘踞的昆明滇池作为结束战争的标志，用将士们在昆明池里洗盔甲表示战事结束。这也是引用了杜甫"安得壮士挽天河，洗净甲兵长不用"诗句，对朝廷三路大军合围云南，一举平叛，表达了喜悦之情。

陈廷敬的这些诗相当于一组记事诗，可以作为故事来读。第七首诗写到西南少数民族为了庆贺吴三桂被剿灭，夹道欢迎朝廷正义之师，并且充当向导和先锋等等，表明清军军纪严明，秋毫无犯，民族政策执行

到位，而且还歌颂了康熙免除当地租税的爱心之举。

其余的几首诗基本都是陈廷敬夸赞康熙英明神武、雄才大略的，把自己在皇帝身边看到、听到的感人事情都写出来，让天下百姓都能认识到皇帝具有的爱民之心等光辉形象。

总的来说，陈廷敬尊杜学苏是其写诗的基本倾向。陈廷敬的《东山亭子放歌》：

东山望南山，百里堕我前。山亭横绝浮云翠，阑干缥缈临无地。我来气与霜天高，风尘归后寒萧骚。拂衣枕石每独往，垤蚁群笑沧溟鳌。百年回头如旧否？一片青山落吾手。倦客重回岗上庐，童时旧种门前柳。尽扫西风万古愁，且倾落日三杯酒。君不见，谢公高卧东山时，起为苍生已白首。昔时丝竹转凄凉，美人黄土今安有？百年我亦一东山，日夕樵歌动林薮。

此诗饱含人生沧桑之感，道不尽千古愁绪，令人联想到曹操"对酒当歌，人生几何"的咏叹，却不能掩"老骥伏枥，志在千里"的慷慨豪情。陈廷敬希冀为百姓奔走呼号，与民为利，他在所有的工作岗位中都是任劳任怨，不求回报，更不在乎个人得失。

陈廷敬一生作诗大概在三千多首以上，据可考的《午亭文编》《午亭山人第二集》《午亭集》以及魏宪《皇清百名家诗选》四种合计，去其重复的，其诗就有二千六百七十首。他写诗不过是在繁忙的工作之余而为，能有这样的数量应该算是个勤于创作的诗人。

概括而言，陈廷敬诗歌的最大特点就是"和声以鸣盛"，其中大部分诗歌属于"台阁体"诗。

"台阁体"诗，最早起源于明初的三位大学士，分别是杨士奇、杨荣、杨溥，后人习惯称他们为"三杨"。"三杨"都是当时的台阁重臣，故他们的诗文有"台阁体"之称。

明永乐至成化几十年间正是明朝的"太平盛世"，"三杨"备受皇帝宠信，位极人臣，他们发为诗文，散文也可以包容在内，均饱含富贵福泽之气。粉饰太平、歌功颂德，"应制"和应酬之作，充斥于他们的诗文集中。"台阁体"貌似雍容典雅，平正醇实，实则脱离社会生活，既缺乏深湛切著的内容，又少有纵横驰骋的气度，徒有其工丽的形式而已。这种文风由于统治者的倡导，一般利禄之士得官之后竞相模仿，以致成为流派，文坛风气遂趋于庸浮，而且千篇一律。

不过，陈廷敬的文风比较杂糅，除了"台阁体"，又出现尊崇杜甫和模仿其诗特点的写实风格，他的诗文风骨就是在这样的摇摆中变化的。究其原因，他既有为顺治、康熙歌功颂德的臣子之心，又有体恤民情、甘为孺子牛的爱民之情，还要在钩心斗角的官场中生存下来，所以才有了风格迥异的情怀之作。

康熙二十年（1681年）末，整个大清依旧沉浸在平定"三藩之乱"的喜悦中，康熙得到铺天盖地的盛赞，对这位年轻的皇帝全都是溢美之词，康熙也不免有些飘飘然，陈廷敬却在进讲时对他说："至于世道休明之日，人心联合之时，正当大有为之际，必有纪纲宏远之规模，为社稷灵长之大计，虑万年毋狃于旦夕，成大事毋见小利。此又忧盛危明，防于未瞭之道也。"他诚恳提醒康熙，平定"三藩之乱"只是万里长征的第一步，任重道远，切不可只顾眼前的战果，要成大事不能急功近利，趁平定三藩人心思治的大好机会，要为清朝基业制定长远规划。

这一振聋发聩的警示让康熙发热的头脑冷静下来，清朝虽然安定了西南，但是台湾尚未收回，沙俄正步步紧逼黑龙江流域，内忧外患依然存在，这个时候绝不能掉以轻心，更不能骄傲自满。他认为陈廷敬不仅学识渊博，而且看待问题的眼光很准，决定对他予以重用。

才堪大用

康熙二十一年（1682年），陈廷敬开始了全新的征程，他的工作内容也丰富了起来。这年的会试，他充任了会试副考官。同时，他又被任命为编纂《明史》的总裁官。

康熙二十二年（1683年）起，陈廷敬离开翰林院，开始调任各部

任职，手中有了实权，直接参与国家的管理，一直到他病逝于大学士工作岗位上，始终是任劳任怨。

康熙为什么让陈廷敬在这个时候出任各部实缺呢？源于清朝在这个时候的政治、经济、军事、文化各方面均取得了不俗的成绩，天下太平，百姓安居乐业，清朝的统治进入全盛时期。清朝进入太平盛世自然离不开康熙的谦虚好学，也离不开那些与他朝夕相处，对他谆谆教导的儒学大家。

在日讲的过程中，康熙不仅系统地学习了儒家经典文化，还自学了儒家和程朱理学的许多著作。康熙自言："览尔等所进讲章甚为精妙，实与学问政事大有裨益。"

在进讲中，陈廷敬经常趁机向康熙大谈君臣关系。他曾大谈君臣道合，谓："上有尧、舜之君，下有皋陶、稷、契之臣，明良喜起，都俞吁咈于一堂之上。后世如唐之太宗，致治几于三代之隆，必有魏征、房、杜之为其臣，故能成贞观极盛之治。此为君臣道合，一德交浮也。"陈廷敬的观点是一定要先有明君，才会有贤臣出现，如果皇帝昏庸，那么贤臣也会远去。他还多次列举崇祯"十万太监亡国"的教训来警示康熙。

陈廷敬说："人臣尽忠事主，岂得以希荣千宠为心？人君以礼使臣，固必有报德酬功之典。"明君与良臣志同道合，臣事君以忠，君待臣以礼，才会使国家兴旺发达。最直白的意思就是皇帝得尊重臣子，臣子才会觉得受到重视和激励，才能焕发革命的干劲。他给年轻的康熙讲这样的为君之道，无疑是非常必要的。

除此之外，陈廷敬在进讲中曾多次谈君子与小人，谈小人之"巧佞回邪""以同利为党""乘权籍势"和"贪位固宠"，认为对这样的小人应该"断然解去之，不使其为国家之患也"。陈廷敬这样反复地谈小人问题，显然不是泛指一切小人，而是针对当时朝内的具体人。康熙没有意会到陈廷敬的另一层含义，疏于对明珠管控，导致明珠的胆子越来越大，最后发展到卖官的地步。

康熙每当在儒学上大有收获，并能用于政治实践的时候，就会忍不住称赞或者奖励臣子。有一次，喇沙里、陈廷敬等进讲《孟子》，讲毕，康熙谕曰："尔等每日进讲，启导朕心，甚有裨益，嗣后天气渐寒，特赐尔等及同进讲官叶方蔼貂皮各五十张，表里缎各二匹，以示朕重道崇儒至意。"

康熙内心希冀做一个文化天子的梦想已经实现了。经过多年的学习，康熙成为"治道在崇儒"的皇帝，他特别尊崇程朱理学，不仅命人编纂多部理学著作，还将朱熹正式升配孔庙，尊崇为十一哲。与当时封建政治和封建经济相适应，推崇程朱理学成为清王朝的国策。

钱法之忧

康熙二十三年（1683 年）正月，朝廷调陈廷敬为吏部左侍郎管右侍郎事。鉴于他的表现，康熙认为他才堪大用，两个月后又交给陈廷敬一个临时任务，也就是令他连同兵部侍郎阿兰泰、刑部侍郎佛伦、都察院左副都御史马世济一起管理钱法（钱法，中国古代关于金属铸币的法规，包括金属铸币的铸造、流通、收藏以及长短钱等方面的立法）。近年来，康熙对愈演愈烈的混乱的国家金融秩序显露出极大的忧虑，作为善解圣意的臣子，陈廷敬看出了端倪，并勇于力挑重担，大力改革钱法，为清朝的金融稳定做出了不可磨灭的贡献。

清初钱法管理很混乱，私铸铜钱的现象十分普遍，严重干扰了国家金融秩序。即便清政府对此施加严刑酷法也没能彻底解决这一问题，私铸铜钱无非就是从公开转向隐秘而已。但是在陈廷敬主持钱法工作期间，做了许多有益的改革措施，规范了清朝币制。

清朝币制是银钱平行本位，大数用白银，小数用铜钱，但白银的地位更加重要。清朝的铜钱在最初的二百多年中，都是承袭两千多年来的方孔圆钱，用范模铸币。实际上，满洲人在入关以前就开始尝试铸币了，只不过那个时期钱币对于他们来说就是一个装饰物。

努尔哈赤以祖上十三副遣甲起兵，通过不断的兼并，势力逐渐强大，终于统一了满族各个部落，并于明朝万历四十四年（1616 年）建

国号金，史称后金，建元天命，称天命汗。并铸行钱币，共有满文、汉文两种，满文钱面文译作"天命汗钱"，此钱依老满文写成，读法由穿左读起，至穿右，再上下读。方孔圆钱型，仿明小平钱，铜色赤暗，铸工较劣。汉文钱"天命通宝"与"天命汗钱"同时开铸，钱文直读，钱背无文，书法较差。

由于当时满人以游牧为生，没有什么集市，以物易物现象常见，因此多不用钱。满人得到钱后，大多用作装饰，佩戴于衣帽之上，袍襟之前。直到顺治时，满人大都安顿下来，因各种生活所需，要用钱财购买各种用品，满人才开始用钱，才知道钱的重要性，这才改变满人不用钱的现状。

顺治时，铜钱有五个样式，分别是：光背、背面有一个汉字、一厘钱、背面有两个满字、满汉文钱。不过，顺治年间，由于入主中原太过于顺利，清廷根本没有充分的准备，他们直接从一个相对落后的文明社会跨越进入相对发达的汉文化文明社会。所以很多国家层面的职能并不具备。比如，钱法方面，清廷未能将铸币的国家职能掌握，允许下面一些省可以自行铸币，导致私制现象很多。为了各自的财政利益，各省开炉太多，铸造不精，以致奸民乘机盗铸。钱越多越贱，私铸公行，官民两受其病。

顺治十四年（1657年），为了整顿金融，清廷制定了十分严格的钱法，以防私铸，规定："凡奸民私铸，为首及匠人拟斩监候，为从及知情买使者拟绞监候，总甲十家长知情不举首者，归类为首例，不知者杖一百，三年，告捕者经赏银五十两，其卖钱之经记铺户，有与犯掺和私钱者杖一百，流徙尚阳堡。"此外，清廷又下令："该管地方官知情者，照为首例，不知情及听其与贩掺和者，以失觉查论，在内五城坊官，在外州县所官失察，每起降职一级。并对各级官吏职责及罚则进行了严格的规定。"

顺治十八年（1661年），清廷又一次加重刑律："为首及匠人斩决，家立入官，为从及知情买使者绞决，总甲十家长知情照为首例，不知者枷一月仍拟杖徒，与贩掺和者枷一月仍拟杖徒。"但是，这些严酷刑法未能阻碍贪婪者的黑手，对于私铸者而言，问题的关键是因为私铸有利可图，而且是有大利可图。根本原因就是私铸与官铸钱币的重量存有差异。

清初诗人沙张白的《铸钱引》真实地反映了这段历史：

> 村野老翁稀入城，入城正遇官行刑。
>
> 累累束缚类狐兔，血肉狼藉尸纵横。
>
> 此人何罪官弗怜？鼓炉私铸壅官钱。
>
> 翁言我昔方少年，官钱美妙缗一千。
>
> 轮肉周厚体肥白，民欲盗铸利何？
>
> 铜山近日产铜少，官炉铸钱铸不好。
>
> 眼刀环复小轻，局工监铸家家。
>
> 官私无辨铸益多，利重生轻奈杀何。
>
> 可怜刑贱不刑贵，赤子何知投网罗。
>
> 若移此刃刃官铸，伫看千里清黄河。

这首《铸钱引》是沙张白揭露私铸原因的一首诗，真实地反映了当时的社会状况和私铸的巨大经济回报。

临危受命

清朝私铸主要有以下几个原因：首先，是币制本身的原因，清朝实行的是不完全的银钱本位制度，银两用于大额贸易而且可以由私人自由铸造，而铜钱只能由官府铸造。银两和铜钱两者没有主币和辅币关系，只是按市场价格自由浮动，这种币制对于清政府而言控制起来极为困难。首先是在银和钱两者价格上难以控制，中国本不是一个产银国家，白银供应数量的多少将对银铜平行本位产生自然浮动。其次，是清政府对铸造制钱的铜的来源无法保证，铸钱原料铜是清政府头痛的问题，清政府将全国铜源都控制在手中，竭力开采想用尽，但铜的供应仍是不稳

定因素。先是明代遗铜用完，接着是洋铜进口少，而滇铜受政治影响，如三藩之乱以及农民起义无法正常得到，故而平行本位本身出现波动是常事，而银钱价格变化，对于私铸者总是有投机机会的。

从政府管理体制上看，清政府也难以解决私铸问题，由于银钱平行本位而派生的铜少，使得清朝的很多地方局铸造小钱，人称局私。清朝前期江西、湖南多有此钱。此外，由于银钱关系的变化和铜源问题，曾使得清政府不断改变其制钱的重量，从一钱四分到一钱二分，到一钱，再到八分、六分，这本身也给私铸者熔毁旧钱，私铸新小钱提供了条件。比如，把一钱四分的旧铜钱毁掉，铸成六分的新铜钱，就赚了八分的铜。当然，清政府不断重改钱币重量本身就是私铸与私销引起的恶性循环，钱重则私销，钱轻则私铸。

到了康熙年间，清朝铸造康熙通宝仿顺治五式满汉文钱，后铸造小钱。为了杜绝私铸，康熙时期清朝推出了更加严厉的刑法，可是依然无效。平定"三藩之乱"后，国家经济进入全面恢复和发展时期，到处都在开展各种建设，因此对货币的需求量很大。但是因为私铸，出现了铜钱短缺、钱价太贵的现象，财政入不敷出，金融秩序混乱，对国计民生影响非常大。

康熙曾经下令有关部门和调派其他部门官员改变钱法现状，但是这些机构和新任官员采用的办法丝毫不起作用，这让康熙十分恼火。在这种情况下，康熙不得不采取特殊措施，选派自己最信任的亲近之臣对钱法予以彻底整顿。

思来想去，康熙把身边的这些翰林、日讲官等琢磨了一遍，最后决定大胆启用毫无背景又胆识过人的陈廷敬，就是希望他这个一身正气的山西人能用独特的办法解决这一关系到国计民生的大问题。

陈廷敬慷慨赴任，他知道这是一个难题。前面的几任官员都在这上面折戟沉沙，稍有不慎，自己也会重蹈覆辙。他调阅了大量资料，在最短的时间里对钱法有了一定的了解，发现这个问题不是能简单处理的。因为这其中涉及方方面面的利益，为了保住这块大蛋糕，所以围着钱法吸血的官商都会形成一块铁板，全攻全守。

可是，"普天之下，莫非王土；普天之下，莫非王臣。"陈廷敬还明白一个道理，尽管整顿钱法困难重重，但是他有雄厚的群众基础，还有那么多年轻的以及不太年轻的升职无望的官员等着建功立业的机会呢！只要措施得当，找到可以倚重的人，就不信治理不好钱法。

钱法，按照惯例本应由户部和工部的专管机构——钱法堂管理，可是陈廷敬不相信这些机构能解决这一难题，所以他组建了一个由他本人担任钱法整顿项目负责人的攻坚团队。这个团队包含了若干个不得志却又担负工作重任的基层小吏，有的在明处，有的在暗处。陈廷敬和他们一一谈话，对他们的职业前景作了全新的规划，作出了某些职务晋升的承诺。

很快，这些官吏就坚定地成为陈廷敬的战友，一条强有力的统一战线联盟形成了。

严惩贪腐

通过明察暗访，陈廷敬心中有了对策。他的第一把火就烧向铸钱局，先从这里打开缺口。根据群众举报，他首先惩处了铸钱局里几位贪污受贿的官员，这些官员平日里打着严查的旗号，暗地里收受贿赂，对私铸现象睁一只眼闭一只眼。

这一次，陈廷敬掌握了真凭实据，铁证如山，将这几个官员直接送进刑部依法惩办。很多人在纳闷，陈廷敬究竟是从哪里知道这些消息的。

这次行动取得了奇效，铸钱局的工作效率和工作作风马上就改变了，再也没有人敢徇私舞弊了。陈廷敬的第一把火烧的轰轰烈烈，让康熙大为赞赏。

第二把火则是陈廷敬亲自监督，清除了京城内的铸钱局铸钱过程中的浮收、冒领等积弊，这一措施的直接效果就是消减了铜耗量，节省了工料。据陈廷敬统计，仅宝泉局一个铸钱局，每年就"节省铜八万零七百六十九斤四两有奇，添铸九千二百三十串零七百六十九文有奇"。这就属于提能降耗，节约了成本。一个局就添铸这么多的铜钱，全国这么多的铸钱局都如此照办，会添铸多少？陈廷敬的众多工作组很快深入

到全国各地，严查铸钱过程中的积弊，收效奇大。对于这些工作得力的干将，陈廷敬都上报吏部，请求嘉奖、晋升。

在整顿铸钱的同时，陈廷敬又对造成钱贵银贱的原因进行了更加周密的调查，最后呈给康熙一份《制钱销毁滋避疏》工作报告，里面说道："今日民间所不便者，莫过于钱价甚贵，定制每钱一千，值银一两。今则每银一两，仅得钱八九百文，其故由于制钱之少。……今乃日少而贵者，盖因奸宄不法，毁钱作铜，以牟厚利之所致耳。……铜价既贵，奸人争毁制钱，以为射利之捷径，鼓铸之数有限，销毁之途无穷，钱安得不日少而日贵乎？"

这段话的意思是说，按照兑换比例，一两银子可以兑换一千个铜钱，但是缘于流通领域里铜钱缺少的缘故，实际上一两银子只能兑换八九百个铜钱。那么铜钱哪里去了？被人毁钱私铸了。显而易见，不法分子肆意收集大量铜钱，再把铜钱销毁变成铜，把铜倒手卖给铸钱局，从中赚取差价。经过这样周而复始的毁钱为铜，国家财富就无形中蒸发了。这个道理大家都心知肚明，但是就是没有解决的办法。

针对存在的问题，陈廷敬指出，自古所铸钱币，时轻时重，过不了多长时间又要重新改铸。现在，百姓最为不满的主要是钱价。过去，一两白银可兑铜钱一千，今则仅兑八九百。造成这种情况的原因，是由于私商熔化铜钱为铜，从中渔利。按说，销毁钱币，其罪至重，这是人人都知道的。然而，长久不能禁止，是因为私商能从中获取厚利。因为一两银子可买铜七斤，如果将一两银子兑成铜钱，则得一千，将这一千铜钱熔化，就得铜八斤十二两，从中获铜一斤十二两。这些不法商人以此为牟利的捷径，使得市场上铜钱日趋减少。顺治十年时，每个铜钱重一钱二分五厘，后又增为一钱四分，原本是为阻止私铸，但结果呢？私铸依旧时常发生。因此，最好的办法就是不再增加钱币的重量，而应改重为轻。如果这样，那私铸之风就会不禁自绝。同时他还指出，由于近年来产铜之地收税过重，致使开采铜矿寥寥无几。应当减少税收，让百姓也来开采。开采的人多了，铜的产量自然就会增加。随着铜的增加，铜钱价值也自然会日趋稳定。

陈廷敬认为，制钱日少的原因既然是"奸宄不法"之徒钻了国家金融制度的漏洞，厚利所在，很难禁止，必须从根本上采取措施。他说："今私铸自如，应改重为轻，则毁钱不禁自绝。产铜之地，宜停收税，听民开采，则铜日多，钱价益平。"所以他提出两个至关重要的改革措施：首先，统一减轻铜钱的重量，让一千个铜钱的重量只相当于原先的一半，这样就很难出现毁钱为铜的现象了；其次，国家要扩大铜的来源，允许百姓出资开采铜矿，当市场上的铜供应量增大了，铜价自然就会降下来。这两个措施可以说是釜底抽薪，一举断绝了毁钱为铜的利益链。

康熙接到他的整改措施之后，很是满意，便"疏下部议行"，让各部门展开充分的讨论，并提出如何配合陈廷敬的工作部署。这是一条隐藏极深的利益链，其相关利益体无不坚决反对，他们以各种方式指出陈廷敬所言的"弊端"，希望康熙不要采纳。康熙势必要巩固国家钱法，让清朝的金融秩序不再混乱，他一再放宽视听，期待众多臣子支持这项国家大策。

为了尽快落实到位，陈廷敬再次烧起第三把火，抓获一大批私铸铜钱的不法分子，严加审讯。很快，陈廷敬就掌握了官商勾结，私铸铜钱的罪证。他毫不犹豫地向康熙奏报，将一些涉嫌贪腐的官员绳之以法。结果，一些官员为了自保，纷纷坦白从宽，又捎带着揭露出其他官员的贪腐行为。一时间，凡是和钱法沾边的官员无不胆战心惊，那些充当保护伞的官员也闭上了嘴。风向立刻变了，大家开始赞同陈廷敬的提议，一致拥护康熙的主张。

当年九月，一些官员终于达成了共识，他们坚定地跟紧康熙的步伐，认真议复陈廷敬的上疏，认为"毁钱为铜既无厚利，则毁钱之弊自绝"，完全赞同陈廷敬的观点。对于放开民间开采铜矿，还为私营业主免税也获全票通过。大家都认为这个利民政策足以调动有实力的乡绅开矿办厂，"则铜日多而价自平"，可以弥补官方采铜能力的不足。

陈廷敬的提议一举通过，他一手抓管理，一手抓腐败，收效奇快。从这一刻起，京城内外的官员都领教了陈廷敬的厉害，他表面上温文尔

雅，动起手来却毫不留情，专门往人最痛的地方使劲。尤其是他的反腐行动，谁的账都不买，抓住一个就带出一窝。关键是康熙还鼎力支持他，到了后期，很多朝廷大员不得不回避陈廷敬的风头，担心沾上钱法的边会被拖下水。这么一来，陈廷敬整顿钱法的工作就顺畅多了。

陈廷敬的行动很快，他的两大举措被严格贯彻下去。铜钱的重量调整了，民间开采铜矿增多了。铜价得到抑制，钱贵银贱的现象没有了。陈廷敬管理钱法不到半年的时间，就取得了如此辉煌的战果，康熙非常满意。他的近臣办事得力，圆满完成了大家眼里"不可能完成的整顿钱法的任务"。

钱法可是康熙亲自抓的大工程，陈廷敬首次代表皇帝出任实官，并取得如此战绩，值得嘉奖。不过，把陈廷敬安排到哪个岗位最合适呢？

不取一文

康熙二十三年（1684年）九月初九，陈廷敬被提升为都察院左都御史。当天，"吏部题补左都御史余国柱升任员缺，开列吏部侍郎陈廷敬等。上曰：'陈廷敬甚优，着题补左都御史。'"都察院是监察机关，专司国家风纪，和现在的纪委性质类似。凡政事得失，职官邪正，有关国计民生利害，由该院上报皇帝及时纠正。重大刑事案件，刑部需会同都察院、大理寺公审定案。该院由左都御史（满汉各一人）执掌，其官品与六部尚书同级，为正二品。

康熙大概还是觉得陈廷敬铁面无私，管理手段强硬，让他来整顿一下清朝的干部队伍实在是太有必要。因此，把他安排到左都御史的工作岗位上，就是希望他规范一下清朝的高级干部队伍行为。

陈廷敬升任左都御史后，至康熙二十五年四月前，一边整顿干部工作作风，一边兼管钱法。为继续整顿钱法风纪，他上《钱法堂榷关监督札》，还接连推出若干工作方针，进行钱法部门的团队建设，带领有关钱法官员一起宣誓，树立神圣的工作自豪感。此外，他还要求有关包揽办铜的工作人员，不要吃拿卡要，收取回扣贿赂等，力戒一切陋规。他说："嗣后有包揽办铜人役，仍不悛改，欺所关差，该监督既已深信本院本部弊绝风清，言行如一，即时连人呈报，以便究拟。"

在工作中，陈廷敬以身作则，廉洁奉公，自称"不取一文"。即便是如此，他也差点犯下致命错误，在他的文章《二钱法》中，他这样检讨自己的行为："监督（官员）从废铜中得古钱数枚，余选其一文曰半两，盖秦钱也。监督曰：'人言古钱佩之身吉，请公佩之。'余许诺。又数月，余迁左都御史。……局人以铸请余视，缙解钱散脱，乱布于席。视毕，局人去，席上隐其一钱。又月余，余晨起理宝泉事，心有触曰：'吾誓不受一钱，前后取其二钱，其何以自明。'立命呼宝泉局吏，喻之意而还之。吏叹息持以去。……书其事以自警，名曰《二钱说》云。"

这段话的大意是，监督从废铜中得到几枚古钱，陈廷敬挑选了一枚查看，监督说古钱吉祥，建议他作为吉祥物佩戴在身上，陈廷敬便拿了一枚；随后，在审视铜钱样品的时候，他又得到遗漏的铜钱一枚，这两枚铜钱让陈廷敬无限自责和惭愧，最后将这两枚铜钱退了回去。陈廷敬身为二品大员，竟然连两枚铜钱都不受，还把这件事记录下来，用来自警，确实做到了光明磊落，处脂不染，清操肃然，令人起敬。

陈廷敬这样做是不给自己添加任何污点，一枚铜钱样币不足为奇，但是一枚古钱可轻可重，设个局便可以让这枚古钱变为价值连城，如果有人想做文章，完全可以借题发挥。他既然想做个清正廉洁、敢于办案的官员，那就得从细节入手，不给任何人留下把柄和口实。

陈廷敬这样检讨自己的行为，令人佩服，康熙得知此事后，对他更加欣赏，更加断定陈廷敬是一个做大事的人，值得信赖，可堪重用。

在陈廷敬主持钱法工作期间，成绩斐然，国家的金融秩序渐渐好转，货币价值稳定，百姓财富得到积累和巩固。陈廷敬对待工作人员非常和蔼，又不失严谨。了解陈廷敬的人都知道，他是一个雷厉风行的人，也是一个疾恶如仇的人，在他的高压之下，钱法的相关人员果然作风大改，几乎没有劣迹可循。那些跟随他查案、办案的官员也都升了官。陈廷敬的人品和信誉一下子就树立起来了，为他日后开展工作带来更多的便利。

第八章　反腐风暴

升任左都御史之后，陈廷敬的工作压力更大了，他一心要为清朝打造一支廉洁奉公的官吏队伍，为此他不仅要从细节入手，严格规范官吏行为，还要从宏观做起，改变康熙的世界观和价值观，用他春生万物的情怀服务于大清王朝……

监察百官

钱法步入正轨之后，陈廷敬将他的大部分精力放在都察院。左都御史的职责，让他倍感肩上的压力之大，更觉得不能辜负康熙的信任。

都察院，清官署名，由明朝的御史台发展而来，主掌监察、弹劾及建议。与刑部、大理寺并称三法司，遇有重大案件，通常由三法司会审，亦称"三司会审"。清朝都察院还是法纪监督机关，监督着百官的言行。作为清朝监察制度的主要实施者，都察院在维护封建统治正常秩序和保障封建国家机器平稳运转方面起到了重要的作用。

都察院设左右都御史（正二品）、左右副都御史（正三品），左右佥都御史（正四品），其下还有十三个道监察御史（正七品），共一百一十人，从中央到地方各级机构均设有该部门。

左右都御史，职责专属纠察、弹劾百官，辩明冤枉，提督各道，是天子耳目风纪的部门。所有大臣奸邪、小人结党、作威乱政的，便弹劾他。所有百官卑劣贪鄙、败坏官纪的，便弹劾他。所有学术不正、上书陈言变乱现成章法、企图进用的，便弹劾他。遇上朝觐、考察官吏，同吏部主管确认其贤能与否、官员升降。可以说，该职权力很大，是个敏感的职位。

陈廷敬在左都御史位置上一共干了两年半的时间，除了兼管钱法之外，出于他对民生、国家权力机关的思考，他提出了公正执法、廉洁奉公、打击以权谋私、简化政府部门办事程序、整顿官场工作作风、利民便民等措施，在勤政务实等方面做了有益的探索。

公正执法，是陈廷敬非常关注与坚持的一个原则。他说："夫人有罪，轻重大小不同，所恃以剖断者，唯此一定之律耳。然近见督抚申请题覆，一经定罪，有罪当而司抄改易者，有罪不当而不加详察者。或经满、汉堂查出，本司又争执辨白，查引旧例，以图搪塞。或云限期已满，当以限速为题结。或云延迟日久，恐经承在外招摇。如此则出入人罪，任意迟速，自为遮饰，而老成有见者则不与焉！何以示画一而尽臣职乎？"

京城重地，既是权力中心，也是国家财富中心，无数梦想跳龙门的人都来这里闯荡，希望改变自己的社会地位，导致京畿鱼龙混杂，各种犯罪现象层出不穷。"盗窃公行，居民不得安静。"这个现象从顺治时就已经出现，可是没有好的解决办法。长治久安的社会，是治世者追求的崇高目标。对此，陈廷敬提出应从两方面努力：一是社会秩序，应有一定的"定制"，使天下之人都在一定的定位中，安居乐业的生活，人人各事其业，各安其所。二是要"正人心"，他认为天下趋利之习、奢侈之风，往往导致伤风败俗，因此应该以教化之功，厚风俗、正人心，充实天下人的精神生活。

陈廷敬认为，如果首都的社会治安都如此差，那么地方就更不用说了。这个问题的根源还是出在干部身上，表面上管事的人很多，一遇到问题就找不到人了。有油水的环节有人管，没油水可捞的环节无人过问。于是，他便致力于从整顿"巡捕衙役"队伍入手，着力改善京城社会治安状况。但是，在涉及由哪些部门牵头执行的时候，大家就开始扯皮，谁也不想管这个烂事。

陈廷敬便上奏康熙："盖番役在捕营，未必尽得其用，若令五城司坊兼辖，则臣等严饬，使察拿盗贼不法等事，可使人各尽力。"五城司坊，即巡查京城内东、西、南、北、中五个地区的机构，其长官称为五城御史。康熙觉得他的建议很有道理，便准奏，命令今后北京城内缉拿盗贼的事情，由巡捕营的番役和五城御史共同管辖。

这是一种治安联动机制，把京城内拥有类似职能的官方力量统一在一起，担负同样的工作职责，确实是一个创举。不仅明确了两个机构的工作范畴，还对改善京城治安状况起到积极作用。除此之外，陈廷敬还就社会治安综合治理问题提出了许多整改措施。

依律治世

凡事有利也有弊，时间一久，有了执法权的这两个机构的架子就端起来了，工作态度恶劣，不问青红皂白，不问是非曲直，只要不合他们意的人，都会被以各种借口或罚或抓。有的时候，这些人还使用暴力对待平民，凡是不合他们意的就直接动手，制造了多起冤案，完全是一副高高在上的大老爷架势。

陈廷敬通过对京城内"地方民生利弊莫不留心访察"的方式，发现了许多问题，便亲自撰写了《严饬禁剔病民十大弊以靖地方以安民生事》，然后给都察院的官员公示并耐心培训。这份堂示随后发布，陈廷敬命令下属各级部门都要按照堂示内容狠抓中央及地方各级官吏、巡捕机构等的工作作风。

这份堂示内容涉及很广，可以概括为"十大弊"，不仅包括了盗贼、抄抢等刑事犯罪，还包括了赌博等社会不良习俗和民事纠纷；既涉及民间犯罪，也涉及官吏的不良行为。尤其是对有关地方官吏的种种不法行为，堂示中揭示甚详，令众官吏噤若寒蝉。

"十大弊"中，对衙门胥吏有针对性的指出其弊，其中，"禁诬扳"一弊列出："每见地方失事，番快四出履缉。或得一盗，不问真假，先以非刑拷打，授意供扳，择人而食，谓之教点。不报真名实姓，止供外号排行。纠党行拿，排闼入户，掠其财资，辱其妻女，诬盗诬窝，蔓引株连。真盗尚无的据，平民早受奇殃。肆毒若斯，真堪发指！"

从这段话中可以看出，由于权力没有束缚和监管，握有这些权柄的人已经变得飞扬跋扈，不可一世，若不加以控制，这些执法者将会变得比盗贼更可怕。陈廷敬通过堂示规范了这些权力者的行为，一旦有违反者抓住即严惩不贷。他要求工作人员务求"尽职"，同时他更重视尽心。尽心是尽职的基础，要坚持反对"私心"，要有诚实的"奉法之心"。既要有维护法律的公心，又要有维护对有罪者公正的良心，一句话，这些"警务人员"要具备一颗务实"尽善"的良心。

在"禁蠹役"一弊中，陈廷敬更是毫不留情地指出其祸害之深，不革除难以抚民心，难以安社稷，难以正形象。他说："每闻积习巨滑，必借衙门为护身符。是以剔奸除恶之途，反为丛奸薮恶之地。近见城营司坊等衙门，番役总甲皂头人等，积年巨蠹，盘踞衙门，崔蒲贼盗依此辈为泰山，蓬荜小民畏此辈如猛虎。逢时遇节，宴请馈遗，则违条大事曲为庇护；微嫌小隙，不谙弥缝，则清白良民诬为逃盗。凡窝盗盗线，城市多事，莫不由此辈而生。"

陈廷敬对这些衙门里的人看得很透彻，他们有点权力就膨胀的不得了，诬良为盗、严刑逼供、巧取豪夺、通匪通盗等种种不法行为都做的出来。所以他的"十大弊"一经推出，立刻遭致很多人的不满，认为他阻断了众人发财的路子。表面上接受堂示，实际上却不执行。

陈廷敬老调重弹，他依靠群众，调查走访，搜集罪证，将这些衙门中一些人的恶行全部形成报告，再汇报给康熙，果然引起康熙的高度重视。

康熙是个有魄力的皇帝，他希望天下大治，百姓归心，如果任由这些官吏、差役、巡捕等胡闹乱搞，清朝声名狼藉，早晚会失去民心。康熙顷刻间雷霆大怒，让陈廷敬挨个查，不管哪个衙门或者哪个官吏出现问题，都一查到底，绝不手软。

陈廷敬本着为民求利的思想和实事求是的作风来了几次大检查，抓住最有背景的一些官吏、巡捕等严办，依律处置了若干人员，京城及地

方的各级"警务人员"不敢再欺压百姓、收受贿赂、贪污腐化、勾结盗匪等，社会治安和舆论渐渐好转起来。

陈廷敬关于严肃打击不法"警务人员"的主张，说明他深知以法律治世必须经常整饬不法之官，经常清理执法所属各司衙门之门户。他明确的告知下属说，若无知法用法的刑官司吏，是难言以法治世的；若无自爱又爱人的刑官，是难言司法公正的。只有"尽心""尽职"的刑官，才能使司法公正，才能实现国家太平。

劝廉行动

陈廷敬在任左都御史期间，还兼任编纂《圣训》《平定朔漠方略》《政治典训》《皇舆表》《明史》的总裁官。他一边为官，一边修文治学，孜孜不倦，任劳任怨，在各个领域彰显着他的才华，还风生水起，步步高升，着实令人羡慕。

陈廷敬视野开阔，分析问题能抓住主要矛盾，他发现随着清朝国力的加强，国内的稳定，许多大臣都认为天下大定，应该刀枪入库，马放南山，产生了享乐主义之心，生活腐化、攀比之风日盛，贪污受贿、惰政现象处处可见。于是，一个重要的理念在他的心中形成——劝廉。

康熙二十四年（1685年）正月，陈廷敬上《劝廉祛弊请敕详议定制疏》，提出："愚谓贪廉者，治理之大关；奢俭者，治理之根柢。欲教以廉，当先使俭。然而不能遽致者，则积习使之然也。"他提出一切从简，不要铺张浪费，节省开销，充实国库的建议。为此，康熙欣然接受。

"家天下"时代，国家是皇帝的私产，皇帝可凭个人意志任意支配国家财富，是无须向臣民多作解释的。清朝定鼎中原之初，民族对立情绪高涨，社会矛盾十分尖锐，各种反清武装与朝廷的对抗一直延续到康熙中期，才渐趋于平复。

康熙在平定了以吴三桂为首的"三藩之乱"后，深知治理一个国家，兵战实为下策，只有造福于民，才能让百姓诚心诚意的服从，方能建立稳定的统治。所以，他一方面推行"偃武修文"的措施，广开博学鸿词科吸纳天下英才，希望将全国具有影响力的文人都招致庙堂之下，为朝廷所用；另一方面，他采用攻心策略，让文武百官尤其是从明朝归顺的降臣降将进行对比，以明王朝的腐烂败坏、帝王昏庸，彰显清王朝的政治英明、君王贤能，然后通过官员及文人的传播，进一步消除时人的反清意识。

清军入关后，很多满人被汉人的衣冠、饮食、风俗文化所吸引，迅速模仿并发扬光大。满官不知不觉中生活开始腐化，极尽奢侈攀比；在工作中官威十足，任人唯亲，对汉人毫不在乎，不惜制造满汉民族矛盾；另外，各种浪费现象十分严重，财政吃紧，导致赋税不断增加，老百姓苦不堪言。

陈廷敬认为这不是好现象。汉人崇尚节俭生活，这是千百年来儒家思想熏陶出来的。奢侈腐化不是正常的现象。为了向汉族人靠拢，真正贴近群众，消除民族隔阂，他建议康熙从衣冠、舆马、服饰、用具、婚丧之礼等方面入手，整顿官场奢华积习，培养勤俭之风。对那些明目张胆地贪污腐化行为必须严加处理，不能助长这一歪风邪气。对贪廉、奢俭的问题，他认为，应在推进"官建"事宜时，加以深入研究，并在这一基础上，制定一个劝廉倡俭的规范，对廉洁奉公、艰苦朴素的官吏进行奖赏，打造一个品行良好的国家干部队伍形象。

陈廷敬亮出了他的第一个杀手锏，提出要对各级官吏的服饰、舆马、器用等方面出台规范，制定标准，既要体现出等级的不同，又要落实从俭的原则。他说："盖古者，衣冠、舆马、服饰、器用，贱不得逾贵，小不得加大。今或等威未别，因而奢僭之习未尽化也。"他引用古人定制，说明古代的公卿大夫，按定制处置其衣食行用等事，表明贵贱应该有所区别，但不宜夸大。如果"服机丝所织，花草虫鱼，时新时异"，或"衣轻策肥，车马阗咽，震惊道路"，或"不惜贪饕之行"，等等，则官场兴奢侈之风，必然影响整个社会，致使"富者黩货无已""贫者耻其不如，冒利触禁，妄冀苟免，幸不罹于法""愚民游末趋利"，农者"多离农亩，弃其本业"。若如此，社会的发展和稳定是难有希望的。

陈廷敬的见解可谓高瞻远瞩，即便是放在当今社会也很有道理。他明确指出，社会上的奢侈之风，其根源在于朝廷高官，如果任由高官们攀比奢华，底层官吏自然也会跟着效仿，民众便会跟风模仿，若整个社会都如此，那么后果就很难控制了。治标必须治本，提倡节俭应该从治理官吏的贪奢开始。那么皇帝就应该起到带头作用，引领文武百官效仿。

陈廷敬不鸣则已，一鸣惊人，他的第一目标就指向康熙，力劝皇帝节俭。

很多人都为他捏了一把汗，因为和历史上其他皇帝比，康熙已经是一个很节俭的皇帝了。康熙登基做皇帝的第二年，一位统兵的将帅从前线派人给他送来一只极为罕见的黄色小鹦鹉，还专门用黄金打制了一个精致的鸟笼子。康熙那年刚刚九岁，还是个孩子，正是贪玩的年龄，这位大师满心要讨得小皇帝的欢心，却不料因这漂亮的鸟笼子，康熙拒绝接受。康熙从小就有这样的见识，在历朝历代的皇帝之中是很难得的。

康熙厉行节约，亲政后不许为他修路，不许擅自建立行宫，已有行宫，不许施加彩绘。有地方官请示将当地行宫交地方管理，康熙担心如此一来增加地方负担，下令今后不再修缮，任其损坏。他还下令不许当地官员搭建彩棚搞什么迎送仪式，不许为他的题字题词刻碑建碑亭，如有违反，被康熙知道了，一律痛加申斥，并严令禁止。

当陈廷敬郑重其事地提出让他厉行节俭时，康熙没有生气，他权衡着陈廷敬的话语，悟出一个道理：家国天下，他这个做皇帝的如果奢靡，下面的臣子就更无所忌讳了。

节俭治国

康熙虚心接受了陈廷敬的建议，开始从各个方面着手改变奢华风气。康熙不仅是一位卓有作为的封建帝王，同时也是一位严于律己、躬行节俭的杰出政治家。他念念不忘明朝诸君奢侈亡国的历史教训，以身作则，尚俭戒奢，力求把皇帝的个人生活消费乃至整个国家的各项财政支出都控制在最低限度之内，这也正是他开创康乾盛世局面的一个不可忽略的重要因素。他在位六十一年，恪守勤慎，励精图治，扭转了清初国家战乱不安、社会破败萧条的局面，为清朝的空前统一和强盛繁荣奠定了基础。

按照陈廷敬的建议，康熙首先是从自身做起，时时处处以勤邦俭家的上古贤君大禹、文王等为榜样，"俭身省心"，自觉地过着简朴寡欲的生活。康熙的消费性开支，主要有宫中日常花费、土木修建、宫廷庆贺活动、巡幸游历等四大方面。康熙以节俭惜财为念，对这四个方面的消费支出都特别注意并加以节制。

在宫中，康熙对各种花费严加限制，要求节俭，不许浪费。他满足于最普通的菜肴，从未有过丝毫的过度要求。他的淡泊超过人们所能想象的程度。即使是他所居住的场所，也只有几幅字画，几件描金饰物和一些相当简朴的绸缎。他的衣着，除了几种宫廷里极为常见的过冬的黑貂、银鼠皮袄外，还有一些在中国算是最普通、最常见，只有小百姓才穿不起的丝绸服装。他的节俭并不简单停留在个人衣食方面，还经常亲自过问宫中费用的具体支出情况，既为了尽量节省开支，也借此教育影响他的家眷以养成朴素俭约的风气。

前明负责宫廷膳食的光禄寺，每年各项钱粮也要用银二十四万余两，如今只用三万多两；每年冬天，前明宫中要用上等木炭一千二百八十万余斤，现在只用一百多万斤；前明的后宫嫔妃之众，各殿宇每年花费在床帐被服、舆轿车子、花毯装饰等方面的费用，需要用银二万八千二百余两，现在缩减到不足万两。直到康熙年间，库房里还剩有前明宫人的绣鞋数十箱，上面遍饰珠宝，极为华丽，都拿出来使用了。为宫中祭祀、典礼准备筵席的光禄寺，过去每年的开支要七十万两银子，经康熙逐渐压缩，降至每年七万两。一年后，内务府官员在康熙的授意下，把宫中每年的费用列成清单，发给诸王大臣查阅。同时又把前明建造的殿宇、亭台楼阁的名字，以及各宫殿配备的宫女仆妇人数，都一一列了出来，造成册子发给大臣，让他们清算这些宫殿在建造时花费了多少银两，以及前明宫中每年的耗费。接受了任务的大臣们通过查

阅前朝留下的账本，查得前明宫中每年需用银九十六万九千四百余两。康熙年间的宫中日常费用开支，总的来说，比起明末要减省百分之九十以上。通过新旧两个朝代的对比，这些费用现在已经全部省了下来，康熙节省下来的这笔钱如今已被充作饷银。

土木之费是历代宫廷最大的开支之一。康熙对以皇帝个人享乐排场为中心内容、劳民伤财的大兴土木之举颇为反感。康熙年间比较重要的皇家土木工程有两项，一是清代第一座皇家园林畅春园的修建，二是兴建著名的承德避暑山庄。无论规模还是费用，康熙都自认为降到了最低点，还是比较体恤民情的。另外经过清点核实，前明建造的殿宇共有七百八十六座，不论是基址还是围墙院落，所用的木料都是上等楠木，砖则是用山东临清专门烧制的贡砖，经水运运到京城；即使是宫殿里的排水沟，也是用整块的巨石修筑，排污水管的口径粗达数尺，为了防止生锈，全都是用生铜铸造。而到了清朝，如果不是非修不可，不轻易修造房屋，所以宫殿的数目不及前明的十分之三；即使修造房屋，所用的材料也都是用普通的砖头和松木，绝不乱花钱。看到这些直观的对比数据，大臣们自然是颂词一片，认为前明骄淫坏法，导致人心瓦解，而本朝兴利除弊，清廉为治，遂使兆民归心，取代前朝是理所当然的事情。

康熙从节省财政开支考虑，一向反对举行各种没有实际意义的宫廷庆贺活动。每年 3 月 18 日是他的生日（即"万寿节"）。这在其他帝王看来是最重大的喜庆日子之一，一般都要举行很隆重的庆贺活动，好好地热闹一番。康熙却从不讲究这一套。每逢到了这一天，他只是率领百官先分别到太皇太后和皇太后宫中行礼，然后再回自己的宫中接受百官对他本人行礼。用膳时他会吃上一碗长寿面作为生日礼物。

管理少数民族事务的理藩院，每年用于赏赐及招待的费用为八十万两银子，经康熙锐意裁减不必要的开支，每年只需用银八万两。至于康熙后来的六次南巡，他特意指示户部、工部及光禄寺官员："朕凡巡幸一应动用之物皆从节俭，此番户部采买草，工部木炭，光禄寺食物，勿令地方官派取民间，扰害百姓。"他对于出巡时的住处和饮食，也不讲究舒适奢华。不过，康熙六次南巡惊扰地方，各项花费虽然极力控制，但是效果并不如意。

由于康熙率先垂范尚俭戒奢，同时经常训诫监督民部、工部等理财部门注意节省开支，又在全国范围内惩治贪腐，提倡居官清廉，从而有效地抑制了清初官场中业已滋生蔓延的奢靡腐败之风，保持了康熙朝数十年的政治清明。

陈廷敬的收心之作取得了成效，康熙的帝王形象如日中天。眼看采用的攻心法取得了成效，康熙还怕时日久了，人们容易遗忘，所以他也不忘随时对臣子们耳提面命。

在批复大学士明珠呈上的奏折时，康熙又重提旧事："前明的事情，你们听说的往往都是写在纸上的陈言。本朝曾经收用过万历时的太监，所以我对前朝的事情知道得很详细。过去的一日之费，就可抵如今的一年之用。如前朝宫中每年要用脂粉钱四十万两，衣食供应也要用银数百万两，这些花费到我父亲时都已革除了；另外前朝宫中有宫女九千人，内监十万人，供应饭食都成问题，以至于每天都有人被饿死，如今宫中不过只有四五百人而已。"

意犹未尽的康熙，又下诏户部，训诫道："国家的钱粮，理当节省，否则必导致经费不足。每年免征的银粮数额，以及河工的费用，都还有节省的余地。前明的光禄寺，每年供膳宫中就要一百万两银子的花费，如今只用十万两；前明的工部，每年建房要用二百万两银子，如今只用二三十万两。只有尽力减少开支，方有裨益。"接到圣谕的官员，自然又是一番齐声夸赞，称颂本朝节用爱民，布德施仁，为河清海晏、百姓安居的盛世。

陈廷敬劝谏康熙崇俭去奢的直接目的是为了节省财政开支，改善国家经济状况，在这方面所取得的成效很显著。在康熙继位之初，因连年战乱而经济破败，国家财政濒临崩溃状态，国库存银告罄，且每年亏缺四百万两。经数十年的治理，入不敷出的局面得到根本扭转。自康熙二十三年（1684 年）以后，国家始终有相当数量的积蓄。到康熙四十一年（1702 年），国库存银达四千五百万两。不过，陈廷敬去世之后，康熙身边缺少真心辅佐他的臣子，老年的康熙变得骄傲自满，自高

自大，而且还有些昏庸。在康熙驾崩的时候，国库里留给雍正的银子只有八百万两。

实际上，康熙历史上的六次南巡以及在承德修建避暑山庄，作为避暑和接见王公贵族的皇家禁苑，靡费巨万，用度也并不比前明节约多少。康熙末年时，国家岁入四千余万两银子，收支也只是勉强相抵，并无节余。只不过，清王朝在确立了稳定的统治以后，老百姓的生活与天灾频繁、兵戈扰攘的明末相比，已经好了许多，民族意识和反抗意识也就此被遏抑，这才是清政权能够为广大百姓所接受的真正基础。

陈廷敬受时代所限，在他眼里，康熙为勤俭持家、节俭持国做的事情已经非常到位了。的确，和历史上其他皇帝相比，康熙算是一个很会过日子的皇帝了。在康熙身体力行下，陈廷敬倡导的节俭之风很快盛行起来。那些奢靡腐化却又不知规避的官员都被陈廷敬抓住小辫子，被依法查办。整个大清官场风气清正，大家也都穿用朴素，攀比之风被遏制了下去。

教化急务

从客观上纠正奢靡之风能很快收到成效，但这只能管控一时，不是长久之计。陈廷敬使出他的第二个杀手锏——对官吏进行思想政治方面的教育。他认为，若欲使其"回心向道，尤教化之急务也"。在他的劝廉奏疏中，他这样表达自己的观点："贾谊所谓一人耕之，十人聚而食之，欲天下无饥，不可得也。百人织之，不能衣一人，欲天下无寒，不可得也。其始由于不俭，其继之于不廉，其卒至于天下饥寒。饥寒切于其身，奸宄因之而起，此所以刑罚未能衰止也。……夫好尚嗜欲之中于人心，犹之水失堤防也，是教化之所宜先务矣。"

陈廷敬的观点有理有据，他引用了汉代著名政治家贾谊的主张，旨在向康熙传递两个重要的信息。首先，汉代的伟大成就和在汉人心中的地位是其他朝代难以比拟的，贾谊更是后代官员崇拜的杰出人物，从而论证他的观点是正确的。贾谊发表他的观点时，恰好汉朝立国四十余年，而清朝立国也是四十余年，两者何其相似？所以陈廷敬以贾谊之见为法，为劝廉祛弊而制定法规。陈廷敬着重论述了如果对奢侈之风不加以遏制，社会就会形成攀比之风，那些财力物力不足的人就会想办法获得他人财富，社会就有可能发生动乱。"盗贼四起，罪人蓄积"，这是国家内乱的征兆。对此，他借用西汉政论家贾谊的话"不可不急救也"来突出这个现象的可怕之处。尤其是这个"急"字，让康熙感受到大清基石的不稳。

康熙认真听取了陈廷敬的谏言，认为他说的很有道理。"千里之堤，毁于蚁穴"的现象比比皆是。奢侈之风带来的不稳定后果难以预料，必须杜绝，康熙令其抓紧时间落实。陈廷敬先后制定了若干规范，在倡导节约务实、禁止奢靡方面做出有益的探索，使各级官吏之间、官民之间的矛盾和纷争减少了，有益于社会安定和安抚民心，这是有一定的社会进步意义的。

陈廷敬的眼光确实很超前，他分析若天下奢侈之风日盛，工商者就会进入歧途而放弃正当经营，农民就会放弃务农而选择做长短工，学子就会放弃学业而选择经商或者其他来钱快的行业，那些饥寒交迫的人就会铤而走险，产生乡不乡、城不城、官不官、民不民的危及情况，后果难以预料。如果劝廉行之有效，制止了官吏的奢侈之风，工者可以充分发挥其技能，商者经销商品，农民踏实务农，学子安心学习，各行各业都安心敬业，幸福的生活也就实现了。陈廷敬的"劝廉"观念值得赞赏，官员想奢靡，紧靠其薪水肯定不够，必然会贪污受贿，从而搅乱整个社会秩序。因此，劝廉则是遏制官吏腐败的法宝。

在劝廉的同时，陈廷敬也看到了社会进步和来自民间的诉求，他主张适当给予包括富民商贾在内的"庶人"一定的殊荣，比如允许其穿袭衣、绸缎之类，乘坐车舆等，也适当放开工商业的严管，使其可以发挥才智、尽其能力自主经营等。其实就是给民间一些有钱有势的乡绅一些满足，让他们在生活用品、特殊用品使用上可以向官员看齐。这就满足了这些人的虚荣心，也提升了他们的归属感，促使这些人向政府靠拢。

在对待农业的问题上，陈廷敬还是认为农业是国之根本，"天下无

疆之盛治"，守住农业才是国家兴盛的基石。而农业兴盛的前提条件就是劝廉，要让各级官吏不扰民，不害民，为民排忧解难，这是他思想的核心所在。百姓吃饱了，自然就不会闹事；农业生产稳定了，国家就会富足，其他各行各业都会受益。可以说，他的这些理念是极有道理的，放在当今社会也值得我们研究和借鉴。

素质教育

为了整顿官场秩序，振兴吏治，官奉其职，陈廷敬通过大量的调查走访、根据朝廷内外的官场积弊，于康熙二十四年（1685 年）年初郑重其事地奏上了《请严考试亲民之官以收吏治实效疏》。这份疏是一个官场惊雷，让许多混日子的官吏惴惴不安。

此疏严肃地指出了地方官吏存在的另一层面上的问题，朝廷因为财政紧张，银子不够，就推出了一个捐税政策，也就是很多知府、知州、知县不是靠科考上来的，而是通过捐税得来的官，这些人除了有钱，并没有真才实学，很多人连字都不认识，十足的草包一个。相应的公文、奏折、诉讼、薄书、文移、人丁、赋税等，他们都看不懂，也不明白，不过，这难不倒这些官老爷们。他们有的是钱，可以雇佣助手，也就是俗称的"师爷"或者"幕僚"了，古时称他们为"胥吏"。胥吏是许多捐税官吏的依赖，他们吃喝玩乐，把一切公务都推给胥吏，完全不顾及政府形象。

在陈廷敬看来，这些官员是朝廷的耻辱，他们和那些贪污受贿的官员一样可恶。官员腐败固然可恨，可是这些不学无术的官员不作为也是一种官场病态。他认为"自古未有不晓文义之人可以为民父母者也"，头脑一团糨糊，只知道做官是耍威风和光宗耀祖的事，这样的官不要也罢。他建议："有未经考职遂行捐纳者，于选除之时，仍行考试，文义略晓者，即与录用，否则且令肄业，听其再试。"陈廷敬的意思是捐税的官员可以有，但是上任前必须参加考试，合格的才可以录用。不合格的回去学习，提升自己的文化素质，直到考试合格为止。

陈廷敬的主张首先招致吏部的一致反对，吏部的意见是："以前补用人员，从未考试，应不准行。"吏部还提出，得来的捐税是中央财政不可或缺的一部分，弥补了官吏不足带来的执行不力的状况。私下里，吏部认为陈廷敬手伸得太长了，竟然干预自己的部门，对他很是反感。

陈廷敬把捐官的危害说给康熙听。康熙极力支持他的主张，否定了吏部的结论，还严厉地批评吏部。他说："临民之官若不识字义，何以办理民事而尽职掌？此事着依议。不分捐税与不捐税，凡临民之官内，有不识字义者，着该督抚不时实心察参休致。"康熙的措辞很严厉，措施也很果断，于是，不论以何种方式得来的官，都必须经受考核，不识字的，看不懂公文的，都回家待着去吧！

一石激起千层浪，在康熙的指示下，陈廷敬的建议得到自上而下的推行，这可苦了那些不识字的官员，一个愁眉苦脸地拿着笔，跟着先生或者师爷识字，心里面恨死了陈廷敬。这样也好，陈廷敬的大名不胫而走，普天下的官员没有不知道他的名字的了。陈廷敬简直就是官场里的一条鲶鱼，引发连锁反应，大清的官吏都开始变得爱学习了。

连开三炮

同年九月，铁面无私的陈廷敬又向贪腐官员连开三炮，让整个大清官场为之震撼。

第一炮，他集中火力向地方上的高官宣战，在他的《请严督抚之责成疏》中，他提出了一个官员自律和品德修养的问题。他认为："今天下之事，系于督抚，督抚之责，在察吏安民。"也就是监督地方官和安定百姓的意思。所以，"方今要务，在于督抚得人"，督抚的人选是否合适，是否有才学品德很关键，唯有贤才任官才是安社稷、抚民心的关键。这个观点很有道理，和我们现在选派官员的标准一致，品德一定要好。

陈廷敬认为，督抚要胜任本职工作，完成自己察吏安民的任务，不在于政策和法律的管控，而在于自身的廉洁奉公。御史不可能盯着每一

个官员，这就要求官员们必须有强烈的责任心和抵抗腐蚀的意志力。他有一句话鲜明地表达了这个意思，"上官廉，则吏自不敢为贪；上官不廉，则吏虽欲为廉而不可得。……为督抚者，既不以利欲动其心，然后能正身董吏"，他指出上行下效是地方官吏常见的现象，如果上级不廉，下级官吏肯定会贪，反之亦然。那么，如何应对这种状况呢？陈廷敬给出了行之有效的办法，那就是"皇上之考察督抚，则以洁己教吏，吏得一心养民、教民为称职，否则罢黜治罪。"意思是说，皇帝要对地方督抚进行考察，让他们再教育自己的下属廉洁奉公、爱护民众，如果做不到，就免去其官职，并根据实情予以治罪。这样就形成一个自上而下的监督体制，上级盯着下属，下属同样也可以举报上级。这么一来，廉洁奉公的氛围就出现了。

康熙一直以来都在为加强皇权而努力，然而，清初八旗旗主及旗内将领，若干"铁帽子王"和一些实力家族以及居功至伟的封疆大吏等，对朝廷都是阳奉阴违的，许多朝廷政令根本无法落地。在康熙看来，皇权是时时刻刻受到制约和挑战的，所以对于陈廷敬提出的管控地方督抚及其下属的好方法他自然是十分乐于接受的。他当即批准，命令执行，明里暗里查找督抚们的"毛病"，通过对地方官吏的管控，遏制了他们藐视皇权的态度，削弱了他们为所欲为的野心。康熙一生都在致力于加强皇权建设，为此他不惜两废太子，也不允许太子在他去世前僭越权力。对待太子都如此，何况对这些地方官吏呢？

第二炮，陈廷敬将炮火直接对准山东巡抚，毫不留情地向弄虚作假的官员开炮。巡抚是一省之内的军事、民政最高长官，权限很大。这一年，山东巡抚向朝廷上奏，奏折的大意是：山东百姓深入学习康熙的"指示精神"，全力搞好农业生产，因此全省的粮食大丰收；喜获丰收的百姓发自肺腑地感谢清朝的政策好，于是广大农民自愿捐粮，请朝廷笑纳；最后又请康熙为山东百姓题词等等。

康熙也不能脱俗，看到百姓的踊跃捐粮，心里很高兴，不由得沾沾自喜。山东本是汉族大省，又是孔孟之乡，儒家文化的发祥地，能得到山东百姓的拥戴，这说明了什么？说明康熙已经被中国最知书达礼的汉族人认可和接纳了，说明清朝比明朝更得人心，说明自己是比明朝历代皇帝都好的皇帝！山东巡抚的这个折子上的好啊！不仅山东百姓，连同这个山东巡抚，康熙都准备大力表扬。

陈廷敬最痛恨欺上瞒下、玩弄文字游戏的官员，他觉得这事很蹊跷，在进讲之余，他对康熙说："地分南北，各地收成肯定有别，全省百姓自愿捐粮恐怕不可信。"陈廷敬说，"猾吏"此辈，索贿行私，徇情舞弊，对此绝不能给以宽恕，对其罪行，必须明察暗访，一旦得实，一定给予严厉惩处。

康熙无从辩驳，被陈廷敬说得很不痛快，觉得很没面子，最后便指派他调查山东的实际情况。陈廷敬坦然接受了任务，派得力下属进入山东境内调查摸底。这一调查还真的发现了实情。原来山东有些地方不仅没有丰收，还遭遇了水灾，而且还有一批官差假冒"百姓"为山东巡抚歌功颂德。通过暗中调查，陈廷敬掌握了山东巡抚瞒报灾荒，甚至打击报复不愿配合做假的地方官员，而且还有中饱私囊的嫌疑。

陈廷敬上《请议水旱疏》，指名道姓地参奏户部对山东济宁等三县所报水灾，办理拖沓，以致延误了皇帝豁免钱粮的时间，使得当地百姓蒙受损失。如此一来，山东巡抚上奏的百姓自愿捐粮的事情不攻自破，山东巡抚不得不向朝廷请罪。

康熙惩办了山东巡抚，这些陷皇帝于不义的臣子太可恶了，如果没有陈廷敬的提醒，自己差点就上当了。此后，康熙对陈廷敬的话格外重视，遇到大事都要听听他的意见，认为他不说假话，不说空话，能让自己不被假象蒙蔽。这样自己才能及时发现问题，及时纠正，不失大清皇帝的爱民如子的光辉形象。

第三炮，陈廷敬上疏《抚臣亏饷负国据实纠参疏》，实名揭发检举云南巡抚王继文，掀起惊天骇浪。在这道上疏中，陈廷敬将矛头直指云南巡抚王继文，弹劾他趁平定三藩之际"亏损国课几至百万之多"，并且"侵没饷银已九十万余两"，请康熙下令彻查。

陈廷敬指出："凡我辈官长，皆读书知理，自爱身家，必不至纳贿营私，干犯法纪。"他同时还警告其他官员，必须坚持"自爱身家"的

第八章　反腐风暴

127

信条，避免走上身败名裂，殃及身家之大祸，必须杜绝"纳贿营私，干犯法纪"的恶劣行径，同时应清理所辖所管之事，一旦在其所管辖中发生猾吏之徒的恶行，"若隐匿不闻，当不能免咎"。

陈廷敬弹劾王继文在当时无疑是一枚"重磅炸弹"，激起了强烈的反弹，引发众多贪腐分子恐慌。王继文是封疆大吏，和一些朝廷大员有着千丝万缕的联系，而且每年都送礼，相互之间已经形成一个牢不可破的联盟。王继文为了自保，注定要拉拢他的上级和下属伪造证据，又四处打点，将贪腐的痕迹隐藏的滴水不漏。

陈廷敬如此藐视官场潜规则，个人注定要承受很大压力。好在他实名举报之前掌握了很多证据，在他抽丝剥茧的查办中，多个关键人物被他逐一攻克，获得足够的铁证，终于将王继文的罪行揭露出来。王继文被弹劾，并被罢官，他在朝廷里的保护伞也被连根拔除，这对整肃吏治产生了良好的效果。

陈廷敬的这三次开炮，对整肃朝廷法纪，惩处贪腐，振兴吏治起了非常重要的作用，对康熙盛世所作的贡献远远高于其他臣子。也正是他的所作所为，让他有了"反腐名臣"的称号，这一切都是他不怕牺牲个人利益，不在乎仕途前景换来的荣誉。他的磊落之举，也赢得了康熙的赞赏。"陈廷敬"这三个字代表着廉洁、铁律、公正、爱民。随着他一次次上疏劝廉，并被康熙信任和倚重，他在朝中的地位直线上升。那些贪腐官吏都担心被陈廷敬盯上，手脚都干净了许多。一时间，官场"风纪整肃，大小吏莫不动神惶恐"。

陈廷敬为政清廉，《清史稿》给他以"清勤"的评价。陈廷敬曾严饬家人，有行为不端者、有送礼贿赂谋私者，不得放入家谱中。他曾立下规矩："自廷敬始，在部绝请托，禁馈遗。"陈廷敬出自书香门第，素习儒风，特别注重个人修养。他胸怀宽广，公道正派，且口风极严。官居相位，不端架子，与周围的同僚都相处得很好。周围有才能出众者，他均极力举荐。

康熙曾召各部大臣举廉能官吏，陈廷敬举荐的灵寿县令陆陇其、清苑县令邵嗣尧皆清官，颇有政声，康熙遂将他们提拔为御史，又升为尚书。大学士明珠告诉陈廷敬：这两个人廉而刚，刚易折，而且都是刺儿头，有股怨气，说不定将来会怨到你头上。陈廷敬表示，刚一些，提意见多一些，有什么不好，我不在乎。

通经致用

多年的历练，陈廷敬已经从一个庶吉士变成一个卓越的官员，他的许多治国理念在深深地影响着康熙。可以这样说，康熙的许多举措正是陈廷敬意志的延伸，他通过给康熙进讲，不仅把朴素的做人的道理传递给康熙，还把经天纬国的智慧施加给这位勤奋好学的皇帝。可以说，康熙盛世，是众多和陈廷敬一样进讲的臣子们共同促成的。

清初时期，许多学者在总结明亡的历史教训中，坚持崇实黜虚、考订、校勘经籍，发明微言大义，开一代"通经致用"之风，为经学在清初的复兴开了先河。作为在朝的儒臣，陈廷敬、张英、魏象枢、熊赐履、李光地等，他们抱成一团，直接影响了康熙。他们以"经筵讲官"的身份，讲经书要旨，通过一次次的讲经，传承起中华文化的精髓，扩大朝中治经用世之效；在下通过所有文士的推动，形成一个主流意识形态层面的经解风尚，并促成重要的治经典籍的出版。如纳兰性德、徐乾学的《通志堂经解》，姚际恒的《九经通论》，朱彝尊的《经义考》等解经巨著，都是在康熙时出版面世的。这些自唐宋元明以来解经集大成者，一改元明之后经学式微之势，为研究经学、经学史提供了重要的资料。

陈廷敬在清初复兴经学的大潮中，既是一位重要的参与者与推动者，也是一位经学大家。自幼研习经学让他对五经的内容都有独到的见解，他对《尚书》《礼经》《诗经》都进行了系统的研究，并融会贯通。他提出"以经治经"，无《礼》不成经，令人耳目一新。此外，他还对《易经》的六十四卦进行了深入研究，对每一卦都进行了注疏和通论，颇有见地，其中精义层出，多有新的拓展。另外，他还对"四书"要义，阐述了很多超越世人见解。

纵观陈廷敬对传统经学的促进作用，有两个显著的特点。其一，他更重视经学中关于人与自然、人与社会关系的哲理，其阐述经学之微言要义中，多着眼于用世、治世。这一点和明清之际的山林学派是完全一致的。其二，他对经学的研究，着重于中华固有人文精神的弘扬方面。他认为一代有一代的经学，一代有一代的文化精神。具体到清朝，由于满洲贵族占统治地位，只有把满汉文化融合在一起，固本创新，才能推动社会进步和发展，才能保持中华文化的固有精神。陈廷敬以他的治学态度和成果为经学的发展做出了不可磨灭的贡献。由此，陈廷敬也在清朝经学研究上奠定了大师地位。

康熙二十五年（1686年）三月，康熙下令纂修《大清一统志》（以下简称《一统志》），命大学士勒德洪、明珠以及陈廷敬为纂修总裁官。总裁官这么多，总得有个对《一统志》馆务负总责的人吧，大学士明珠十分想做总负责人，奏曰："此内专委何人？"康熙没犹豫，下令："着陈廷敬、徐乾学专理。"从治学角度来看，康熙自然首选陈廷敬。如此一来，陈廷敬的政务已经很忙，而指导编纂的书籍又有这么多种，其压力和能力之大可想而知。

尽管如此繁忙，陈廷敬还是殚精竭虑，亲力亲为、专心致志地完成自己所属的工作。他对繁忙而错综复杂的编纂工作也是呕心沥血，在浩如烟海的典籍中穷究，和撰稿人员反复校对、探讨。他不仅对相关资料详尽考证，还纠正地名、译名等方面的翻译错误，并对史、志的异同问题做了精辟的论述，对方志学做出了重要的贡献。

第九章　宦海沉浮

　　就在陈廷敬全身心投入到工作中，大力反腐之时，他却被意外地牵扯进一桩贪腐案，清白无辜的他无法自证清白，只想辞去一切职务，回归故里。康熙挽救了他的政治生命，免去他所有职务，只让他安心在南书房上班，两年后才让他重返政坛……

工部救急

　　康熙二十五年（1686 年）九月，担任都察院左都御史的陈廷敬因为工作出色，再次迎来升迁，这一次他升为工部尚书，从一品。

　　工部，是管理全国工程事务的机关。职掌土木兴建之制，器物利用之式，渠堰疏降之法，陵寝供亿之典。凡全国之土木、水利工程，机器制造工程（包括军器、军火、军用器物等），矿冶、纺织等官办工业无不综理，并主管一部分金融货币和统一度量衡。工部下设四司，除四司外，清设有制造库，掌制造皇帝车驾、册箱、宝箱、仪仗、祭器等；设节慎库，掌收发经费款项；设料估所，掌估工料之数及稽核、供销京城各坛庙、宫殿、城垣、各部院衙署等工程。

　　康熙朝，京城及外省大兴土木和工程建设等，耗银甚巨，朝廷财政吃紧。这一次康熙让陈廷敬担任工部尚书，让他统管，让工程事务协调有序。其实这份工作是一个苦差事，虽然里面有很多油水和空子可钻，是个肥差，但是对陈廷敬这样不贪财、不受贿的人来说却毫无意义，因

为他是一个清官。

陈廷敬雷厉风行，上任之后，便着手处理以往遗留的棘手事务。他对一些贪腐官吏毫不手软，发现有经济问题的便停止其工作，搜集证据，交给"三司"会审治罪。把这些害群之马清理出官员队伍之后，工部的各项工作也就理顺了。随后，他又出台相应的考核、督查、兴建、预算、结营、保管等多项制度。在他的努力下，工部的面貌焕然一新，工作效率提高了，铺张浪费的情况减少了，各部门的配合也顺畅了许多。短短三个多月的时间，工部遏制住了一些地方工程的兴建，重新核算了一些工程款项，节流出大量资金，缓解了财政压力。

有人称赞陈廷敬是个能人、多面手，无论在哪个岗位上都能干出一番事业来。其实不然，陈廷敬并不是比其他官员能力强多少，而是他的责任心比其他官员强，胆量比别人大。他敢把那些腐败分子拉下马来，就这一点，没有谁比他做得更好。一身正气、浑身是胆，这是许多同僚对他的评语。陈廷敬就是这样一个敢于向腐败宣战的人，他无所畏惧，因为他两袖清风，行得正，走的直，所以深得康熙的信任和倚重。

就在陈廷敬大显身手，准备对工部大刀阔斧改革时，他却被康熙免去了工部尚书职务，这又是为什么呢？

户部理财

仅仅任工部尚书四个月，也就是康熙二十六年（1687 年）二月，陈廷敬被委以重任，调任户部尚书。户部尚书也是从一品，但是户部比工部更重要。其职位相当于现在的主管财政、税收、民政、金融、公安等部门的国务院副总理。从管理国家各项建设的部门调到了管理国家财政的部门，可谓是又高了一步。

户部掌全国疆土、田地、户籍、赋税、俸饷及一切财政事宜。其内部办理政务按地区分工而设司。各司除掌核本省钱粮外，亦兼管其他衙门的部分政务，职责多有交叉。其下还设有掌管八旗事务的八旗俸饷处及现审处。隶属于户部的机构有：掌铸钱的钱法堂及宝泉局；掌库藏的户部三库；掌仓储及漕务的仓场衙门等。

陈廷敬走马上任户部尚书，针对户部管辖范围内的现状，他先后两次发布《户部堂谕》。堂谕相当于部门通告，主要针对本部门的问题发布告示，特别是新上任的官员，到任不久多会以发布堂谕的方式，表明自己的执政态度、上任感言和下一步工作安排。

大部分堂谕都是官样文章，走走形式而已。不过，陈廷敬发布的堂谕，却与众不同，他的堂谕有点像当今企业中的团队文化建设，他先是与部下建立起相互的信任，作员工下属的"精神领袖"，他说："每念与诸司共事，贵相信以心，心相信则言易感人。"和下属交心，待人以诚，这是陈廷敬独到的工作理念。可以看出，他这个人的情商极高。吏部历来不缺聪明能干之辈，能把这些人团结起来，成为一个有战斗力的团队，着实不易。

在相互建立信任、有了团队归属感的基础上，陈廷敬与"与诸司约"，对于户部的"奏销、考核、赉奏、驳察、地丁、兵马、漕项、监法等项钱粮事务"，一定要"无私欲"，而且还要"业精于勤"。有了崇高的理想，工作起来自然畅顺了许多。陈廷敬紧接着又推出若干条自律准则，首先他"正己以勉诸司"，要求"诸司正己以勉诸吏。其有不率者，刑章俱存。或有打点官吏，假借名目作为奸弊，恣意招摇，……立时参奏"。他大力发动群众，让户部基层、中层、高层干部互相监督，发现有贪污、受贿等不轨行为的都向他举报。这么一来，他就牢牢抓住了户部的要害，有能力、清廉的官员得到提拔重用，无能力、贪腐的官员得到应有的惩罚。

不仅如此，陈廷敬还对这些握有实权的干部身边的工作人员提出了严格的要求，他说："如本部堂常随家人、班皂人等，或有交通书吏人等，作为奸弊者，仰诸司一并不时采察申究。"这就相当于他对同僚身边的"幕僚""车夫""管家""奴仆"等均提出了要求，不仅自己不受贿，还要防止身边的工作人员变相受贿。可谓是立意深远。

在陈廷敬的带领下，户部的表现十分抢眼，亮点很多。比如：开源节流之后，户部仓库里的银子增加了，朝廷有钱了；反腐倡廉之后，户

部的工作人员犯错误的少了，工作效率提高了。陈廷敬的工作能力和办事效率再次得到了康熙的认可。对于任命陈廷敬为户部尚书，康熙还是顶着压力的。许多人认为，虽然陈廷敬先前任左都御史和工部尚书可圈可点，但是户部的工作可不是这么容易做的，连续几任户部尚书都没能扭转局面，他一个外行做国家的"财政部兼国土资源部部长"不适合。

可是，陈廷敬仅仅用了一个月的时间，就把户部工作完全接手，再用四个月时间，完成了所有的整改措施并落实到位。如今他的成绩已经开始显现，户部上上下下对陈廷敬都心服口服，那些先前否决陈廷敬的朝廷重臣也对其赞不绝口。

吏部除弊

当年九月，已经理顺了户部的陈廷敬又被康熙调任吏部尚书。看康熙的架势，非要把陈廷敬在六部轮值一圈不可，所以一再赋予他重任。随着工作岗位的不断调整，陈廷敬真是门生故吏遍天下了。他的政治能量愈发强大，政治地位愈来愈高。可见，陈廷敬自充任工部、户部尚书之后，康熙对他越来越器重。

吏部，古代称"天官""冢宰"，魏晋以后称吏部。吏部下设吏部司、司封司、司勋司、考功司，掌管天下文官的任免、考课、升降、勋封、调动等事务，类似今天的人力资源和社会保障部。吏部也被称为六部中的第一部，对官员的任用、考核、赏罚、提拔有绝对的话语权。

这一年，陈廷敬恰好五十岁，处于职业生涯中的巅峰期，风光无限。清代史学家姜宸英在《寿冢宰陈公五十序》中这样评价他："公今为尚书吏部，稽之于古，则天官冢宰职也，足以进退百僚。"陈廷敬却不骄傲，他最大的优点就是谦虚、务实、大胆构想、严谨做事、不唯上、不唯亲，廉洁奉公，所以得到诸多同僚的敬佩和信任。

陈廷敬主持吏部期间，立即以务实的态度对部内各类问题进行详细的调查走访，查阅相关资料，组织下属座谈，很快有了工作方向。他结合自己多年来工作心得，根据实情写了《为题明事疏》上奏康熙，这份工作报告针对朝廷内外各级、各类情况的官吏补缺问题，指出其中存在的弊病并提出许多改进的建议。

此外，他还对举人的裁取问题，"边俸"省份的确定问题，官吏完结钱粮"混行造册"的处分以及重犯逃脱后有关官、差的处分问题等等，都提出了改革措施。所涉及的问题林林总总，囊括吏部工作范畴的方方面面，康熙很满意陈廷敬的敬业精神和执行力，他发现陈廷敬向他汇报了十六项之多的整改措施，每一项都有行之有效的解决问题的办法，而不是空谈。很多问题都是历年来遗留问题，几任吏部尚书都没办法处理的问题，到了陈廷敬这里，都迎刃而解。存在的不见得是合理的，那些约定俗成的官场规则，也被陈廷敬打破了。

康熙对陈廷敬的工作汇报大加赞赏，大笔一挥，让吏部抓紧时间跟进办理。就这样，陈廷敬主持吏部工作刚刚一个多月的时间，吏部的工作成绩又上了一个新台阶。陈廷敬紧锣密鼓，考核、提拔了一些优秀的年轻官员，惩办、流放了一些贪污腐败分子。整个官吏体系为之一振，大家都懂了一个道理，在康熙皇帝英明领导下，在吏部尚书陈廷敬公正无私的考核下，只要努力工作，廉洁奉公，就会得到提拔。

山雨欲来

春风得意，平步青云，陈廷敬仕途顺利，前途无量。可是，一场愈演愈烈的政坛风暴却来临了，不仅让大学士明珠落马，也让徐乾学、高士奇这些康熙宠爱的南书房"秘书帮"坠入深渊，即便是陈廷敬也差点沦为阶下囚。

康熙二十六年（1687年）冬，康熙率队前往东北谒见皇陵。途中，直隶巡抚于成龙忽然向康熙密奏："官已被纳兰明珠和余国柱卖完了。"

余国柱就是个帮凶，明珠这个人可不一般。明珠，也叫纳兰明珠，叶赫那拉氏，字端范，满洲正黄旗人，而且纳兰家族与爱新觉罗皇室有亲戚关系。明珠这个人很聪明，在官职上蹿升得极快，历任内务府总管、刑部尚书、兵部尚书、都察院左都御史、武英殿大学士、太子太傅

等要职。

康熙初年，明珠担任侍卫、治仪正，不久升迁为内务府郎中；康熙三年(1664年)又被提拔为内务府总管。康熙五年(1666年)，明珠任弘文院学士，开始参与国政。康熙七年(1668年)，明珠奉命与工部尚书马尔赛调查淮扬水患，查明清口为淮河、黄河交汇处，并商议修复白驹场的旧闸口，凿开黄河北岸河道引流，取得耀眼的政绩。不久，明珠被任命为刑部尚书。康熙九年(1670年)，明珠加封都察院左都御史，担任经筵讲官。康熙十一年(1672年)，明珠改任兵部尚书。康熙十二年(1672年)，康熙帝到南苑晾鹰台巡视八旗兵，明珠提前颁布教条训练士兵，等到检阅之日军容庄严整齐，康熙因此非常赞赏他的才能。在撤三藩的筹划中，和索额图坚决反对撤藩形成鲜明对比，明珠坚定地支持康熙撤藩，成为康熙最信任和倚重的大臣。在收复台湾以及抗御沙俄等重大事件中，明珠起到了积极作用。

康熙十四年(1674年)，明珠调任吏部尚书。康熙十六年(1676年)，他被授予武英殿大学士，期间担任《明史》等重要皇家著述的总纂官，不久后加封太子太师，权倾朝野。表面上，他为人谦和，暗地里则利用康熙皇帝的信任结党营私，甚至贪污纳贿，大肆卖官。明珠成为朝廷重臣后，独揽朝纲，"掌仪天下之政"，时人私下里均以"明相国"荣称，明珠也很受用。

康熙十六年(1676年)，靳辅担任河道总督，只在上游修筑堤坝约束河流，任下游自行畅通。于成龙等人建议也要疏通下游，与靳辅产生分歧。康熙以"便民""不危害百姓"为由认可于成龙的观点，而明珠却坚持己见，称："虽然于成龙为官清廉，但治水之事没有太多经验。靳辅担任河道总督很久了，而且治河有功，应该听从靳辅的建议。"由于双方各执己见，致使康熙亲立的疏浚下河工程历时两年也未完工。就这一件事可以看出明珠有多么猖狂。

在朝中，明珠与索额图不和并且相互倾轧。索额图的出身比明珠高贵得多，他的父亲是大清国开国勋臣、康熙初期四大辅政之首索尼，他的侄女又是皇太子胤礽的生母。索额图很早就是康熙的亲信，身边也聚集了一帮党羽。索额图生性乖张，朝中有不依附自己的大臣就立即排挤。明珠则为人谦和、乐善好施，擅于拉拢朝中新人，对政敌则在暗地里构陷，与徐乾学结成一派。众所周知，索额图是太子党的首脑，明珠是大阿哥一派的领头羊，双方斗得不可开交。

索额图和明珠这两个满族大臣都有自己的野心，虽然表面上还是不错，但内心却巴不得对方失宠。面对康熙一手提拔的大红人陈廷敬，他们都想将陈廷敬拉入自己的阵营以壮声势，而陈廷敬是相当理智和聪明的，他知道，自己唯有清清白白，两不相帮，一心为皇上办事才是正道。据此，他采取了置身事外的态度，而事实也证明了他的判断是正确的：和皇帝一伙才是最重要的。

现在清朝的皇帝虽然是康熙，但是明珠、索额图这两位权臣羽翼已成，各自的势力从中央到地方盘根错节，互不相让。他们都在赌，如果太子胤礽顺利登基，那么索额图就是胜利者；如果大阿哥胤褆扳倒太子，获得康熙垂青，那么明珠就会笑到最后。明珠与索额图关于皇太子人选明争暗斗，让康熙很生气。当时的皇太子胤礽是康熙的第二个儿子，也是索额图的外孙。明珠希望把他扳倒，让自己的外甥、康熙皇帝的长子胤褆继承皇位。索额图自然极力反对。作为一个有作为的皇帝，康熙不可能让手下的势力集团一党独大，威胁到他的地位，保持平衡才是最重要的。因此对明珠和索额图两党之争则是睁一只眼闭一只眼，但对他们之间关于皇太子人选的斗争，让康熙很生气。康熙可以容忍他们贪污受贿、卖官鬻爵，却无法容忍他们动摇国本。在当时，康熙对皇太子胤礽还是颇为看重的，当时的胤礽表现得特别棒，不仅知书达礼，而且还博学多才，能和儒学大家探讨学问，一副"少年康熙"的气象，深得康熙喜爱和众大臣爱戴。

陈廷敬曾经为太子服务过，他在詹事府里工作过很长一段时间，对太子很有感情，也是太子的积极拥护者。他看不惯明珠挑起太子之争的战火，这是动摇国本的大不逆行为，因此在康熙面前，他只要一有机会，就会用适当的方式表示对明珠的不满，让康熙时刻保持警醒。

明珠一党和索额图一党闹得沸沸扬扬，康熙是个耳聪目明的皇帝，

心里早有不满，但是不便发作，尽管不满这二人的言行，还是给他们留足了自我醒悟和改过自新的机会。不过，一切迹象表明，这两人非但没有收敛，争斗反而有愈演愈烈之势。

致命一击

康熙对身边的近臣，尤其是南书房的人格外宠爱，这些人既是他的臣子，也是他心声的吐露对象。皇帝也有发牢骚的时候，他不能在朝堂上发泄，在自己的书房里还是可以和亲近之臣聊聊家常的。在南书房所有的亲近之臣中，只有陈廷敬不攀附、不拉拢、不媚上、不欺下，是个最值得信任和倚靠的"大秘书""第一助理""救火队长""帝者师""师友"等。陈廷敬批评明珠动摇国本的话说得次数多了，康熙也就上心了，他开始计划对明珠、索额图等人采取措施，以固国本。

为了保住太子，也为了清除明珠和索额图这两大势力，巩固皇权，康熙需要找一个良机清除这两位权臣。于成龙的密报恰好给康熙提供了这样一个机会。康熙联想到陈廷敬进讲时，总是不经意间提到"小人"，甚至"明相国"的戏称，心里有了想法。

陈廷敬在《杂著·困学绪言若干则》中写道："君子以身言，小人以舌言。故欲知其人，观其行而已，言未可信也。"康熙问他："你讲君子和小人，一定有所用心。不妨说说，你心中的小人是谁？"陈廷敬顾左右而言他，但提到明珠时，故意以大臣们私下称呼的"明相国"代指。康熙听完大怒，表示清朝从来没有相国一职。看到时机成熟，陈廷敬提出明珠揽权太重，包括王继文在内众多官员的贪腐都和明珠的包庇有关。他列出了明珠私自修改奏折、卖官鬻爵等多项罪状。在弹劾明珠的奏折中，陈廷敬列出了从明珠手里买官的有哪些人，提出一并罢免这些人，以减轻查办明珠可能遇到的阻力。康熙同意了他的办法，开始琢磨怎样将明珠的心腹、戚友、党羽一一剪除。

陈廷敬不是任人宰割的老实人，他看不惯明珠阴险狡诈的行为，他也不想对卖官鬻爵的明珠一味忍让。所以，陈廷敬以他坚忍的个性完成了强有力的反击，通过进讲《君子小人章》将明珠推进万劫不复的深渊。

借刀杀人

明珠的妄为、僭越已经让康熙愤怒了。但是，作为帝王，他不会直接挑明此事，这样会让臣子觉得他心胸狭窄，他需要借他人之口扳倒明珠。康熙下了一盘很大的棋，把相关之人等都绑在他的"战车"上。

康熙心里很清楚谁是他的传话筒，回到京城，康熙问高士奇："明珠卖官，你知道吗？"高士奇一愣，回答："知道。"康熙问："为什么没有人参劾？"高士奇回答："人谁不怕死？"言外之意，没有谁能扳倒明珠，反而会遭致明珠报复。

康熙冷笑不语。高士奇察言观色，知道皇帝不是迁怒于自己，心里顿悟。他知道康熙要查办明珠了，这可是一个千载难逢的立功机会。可是，怎么能不动声色地把皇帝的意图透露给最合适的人呢？

很快，高士奇就把康熙对明珠不满的消息告诉了徐乾学。徐乾学入朝时，急于在政治上有所攀援的他投靠了明珠父子。明珠也投桃报李，大力提携徐乾学。随着徐乾学权势的增大，他与明珠之间产生了不可调和的矛盾。由于明珠在朝廷中主持国家大政，声势很大，他的同党很多，分布朝廷内外，徐乾学很难和明珠斗法。为了增大自己的势力，徐乾学拉拢高士奇、王鸿绪等组织南党与明珠的北党互相攻击。徐乾学对明珠一直以来的压制本来就不满，合作关系已经破裂，听到高士奇转述的"康熙问话"，他马上意识到机会来了，便让自己的门生御史郭琇伺机弹劾明珠。

郭琇果然如惊雷一样，在朝堂上弹劾了明珠。康熙很认真地看着郭琇的参劾疏。郭琇做了详细的调查，到处搜罗明珠罪证，可谓件件属实，让人触目惊心。康熙越读越生气，他眉头紧锁，一言不发，最后把参劾疏丢给明珠，让他自己看。

明珠看得是汗流浃背，平日里最善辩的他竟然张口结舌，再也狡辩

不出来了。康熙下令查办，明珠受到致命打击。索额图亦落井下石，他通过一个陈姓御史也高调参劾明珠，结果明珠被罢免了职务，其亲信余国柱、李之芳等也纷纷被革职解任。

至此，徐乾学遂与北党结下不共戴天的仇恨。明珠失势后，徐乾学的权势突起，成为朝中文臣的实际首脑，如日中天，不可一世。

亲家案发

康熙二十七年（1688 年），踌躇满志的陈廷敬正大展拳脚，在官场上纵横的时候，一项以清廉做官、不取一文的他意外被卷入一桩贪腐案中，差点跌入万劫不复的深渊。

陈廷敬向来以君子儒雅风范示人，他为官清廉，小心谨慎，位高却又低调。当他做到吏部尚书之后，几乎是实权部门中最高的职位了。他的同僚、故友、下属、同乡、亲戚等都想跟着他沾点光，但是陈廷敬铁面无私，不论是谁，他都只认法理，不认亲情。所以，尽管他位高权重，但是他从未凭借权力为自己或者家人谋私。这一次被卷入贪腐案中，和他的二女儿的亲家公张汧有关，而张汧偏偏又是明珠一党的人。

张汧，号壶阳，字蕙峰，山西高平人。他是顺治三年的进士，出道比陈廷敬早很多年，资历也高。张汧考中进士后，也被选为翰林院庶吉士，为自己的仕途镀上一层金。"散馆"之后，张汧历任礼部主事、员外郎、江西督粮参议，后升任福建布政使。

张汧之所以升得这么快，源于他依附大学士明珠。就在明珠墙倒众人推的时候，张汧贪腐案暴露出来，由此引发一连串的反应，差点让陈廷敬扫地出门。

康熙二十五年（1686 年）十二月，湖广巡抚员缺，吏部经过考查，命张汧充任。未料，张汧到任后，却贪黩无状、任意搜刮。可是张汧还觉得不过瘾，无意间他打探出荆南道祖泽深曾有贪污之嫌，便仗势向祖泽深敲诈勒索，寒暄几句，便故意流露出知晓了祖泽深的行径，而他不会告发，不过手头紧，"索银一万两"用用。

祖泽深也是大学士明珠、余国柱的私党，根本不买张汧的账。他十分不屑地拒绝付钱。张汧怀恨在心，便寻找机会揭发了祖泽深贪污的问题。

祖泽深忍不住大骂张汧是个猪脑子，这种伤敌一千、自损八百的事情也干。祖泽深自然不是省油的灯，大家都是官场之人，谁的屁股都不干净，他不顾明珠的警告，随即揭发了张汧任福建布政使时，曾亏空藩库银并贪污盐商之银的勾当。

康熙闻讯，"命色楞额往谳上荆南道祖泽深婪赃各款，并察张汧有无秽迹"。可是，色楞额却"悉为庇隐"，调查了一番说查无此事，张汧是清白的。大概是色楞额收了张汧的贿赂，想把这件事大事化小，小事化了，但事情并未结束。

据《康熙起居注》载："康熙二十六年十二月十八日，康熙在乾清宫听政，性格耿直的山西道御史陈紫芝忽然参奏：'汧莅任未久，黩货多端，凡地方盐引、钱局、船埠，靡不搜括，甚至汉口市肆招牌，亦按数派钱。当日保举之人，必有贿嘱情弊，请一并敕部论罪。'"

清朝有许多贪污腐败的官员，其贪腐案的发现、揭发和参奏有许多渠道或方式，有主渠道，如御史的"专业"揭参等；也有非主渠道，如继任对前任的揭参等。没有揭参就没有惩处，正所谓"民不举官不纠"（这里的"民"是广义的），虽然所揭可能只是冰山一角。

御史的主要任务是"察官"，而"察官"主要就是纠举贪官。顺治九年（1652年）上谕"都察院为朝廷耳目之官……如满汉各官，有贤有否，督、抚、按各官有廉有贪……皆令分别察奏。"都察院《宪纲》开篇中有"凡有政事背谬及贝勒，大臣骄肆慢上、贪酷不清、无礼妄行者，许都察院直言无隐，即所奏涉虚，亦不坐罪。"可见，揭参贪官污吏是御史的本职专业。

陈紫芝是个值得敬佩的御史，他"以峭直受上知"，但"同朝多侧目"。不过，陈紫芝死得很蹊跷，可能为明珠所不容；陈紫芝无病而卒，卒前只是在明珠那喝了一杯茶。由此可见，御史是杀机暗伏的险途。

陈紫芝当朝举报，康熙知道张汧是陈廷敬的亲家，便问陈廷敬：

"张汧这个人品行怎么样？"

吏部尚书陈廷敬不敢怠慢，奏曰："张汧系臣同乡亲戚，性行向来乖戾。"

康熙心里有数，问曰："张汧居官何如？"

左都御史徐乾学奏曰："张汧五月到任，中更文武科场，视事未久，秽声遂已流布，此岂可久居民上？"

刑部尚书张玉书奏曰："张汧任事未久，名声甚是贪劣。"

康熙说："似此贪恶，岂可一日姑容嘉。"

尚书科尔坤、佛伦等奏曰："祖泽深口供内巡抚张汧向彼索银一万两，未曾给与（予），故行题参。色楞额等将此等情由不行审明，应交该部一并议处。"

康熙说："张汧、章钦文（河南巡抚）贪劣之状，天下人共知，若不严加处分，贪官何所惩戒？色楞额等不从公审理，瞻徇情面，殊为可恶！若不一并议罪，恶人愈无忌惮矣！张汧情罪著直隶巡抚于成龙、山西巡抚马奇、副都御史凯（开）音布驰驿速往，再行详审。"又说，"湖广巡抚张汧居官贪劣，应敕部严处，以为贪官之戒。其保举张汧之员亦应一并察议。"

康熙亲自部署查办的案子，很快就有了结果。最后查处结果是张汧为了弥补在福建布政使任内亏空而向下面勒索、向盐商摊派；而祖泽深则是向百姓勒索。张汧被抓，还供出了许多与之有关的高官显贵，所有人都唯恐躲之不及。

百口莫辩

张汧、祖泽深贪腐案是康熙时期一场有名的贪腐大案，影响深远。该案牵涉人员甚多，比如大学士明珠、高士奇、徐乾学、陈廷敬等都被牵扯进来。这个调查结果让康熙大跌眼镜。

从张汧贪污案被揭露以及办案人员审查的经过看，陈廷敬虽然与张汧有姻亲关系，但张汧的犯案与陈廷敬并无任何牵连。但在于成龙审张汧后，张汧的供词中有两处牵连了陈廷敬。

其一："张汧事发，遣于成龙出往审，……张汧遂发高淡人（士奇）、徐东海（乾学）、陈泽州之私，曰：予已老，为布政（使）足矣，岂敢妄意巡抚，无奈诸公督促之……"意思是他本来无意争任湖广巡抚，而是受高士奇、徐乾学、陈廷敬三人"督促"而为之的，并交出他们三人给他的信。

其二：据《清史稿·陈廷敬传》载："法司逮问湖广巡抚张汧，因汧曾赍银赴京行贿。狱急，语涉廷敬及尚书徐乾学、詹事高士奇"意思是张汧供称他曾派人到京行贿给陈、徐、高三人。

因为陈廷敬是康熙的近臣而且刚刚升任吏部尚书，在张汧的供认下，一时间便引起朝内众说纷纭。有的官员从不同的动机出发，向皇帝上奏，趁机弹劾陈廷敬。

例如，时任刑部尚书张玉书，虽然一向谨小慎微，战战兢兢，这时"亦呼其门人在台中者，劾张汧有亲戚在京为之营办，宜穷治"。

徐乾学也极力辩白自己，他对康熙说："贿上左右为上言，张汧用银，又有送银子者，陈廷敬也。收银子者高士奇也。于徐乾学实无涉。"

高士奇也信誓旦旦对康熙说，虽和张汧有过几面之缘，但是没有钱财瓜葛，也没有来往。

陈廷敬和张汧是亲家，被亲家咬一口，他才是有口难辩。我们不妨这样推断，明珠失宠之后，为了不让索额图一党独大，他不惜赌上个人及家族命运，千方百计设套陷害索额图。徐乾学、高士奇、陈廷敬都是康熙身边的红人，也存在迅猛崛起的可能，为此，明珠也要把他们全部拖下水，以防"螳螂捕蝉，黄雀在后"。所以在这场贪腐风波中，这些红极一时的重臣无一幸免。

这样一来，陈廷敬"亦大受其伤矣"，甚至"神志摧沮，事多健忘，奏对之顷，失其常度"，并请求辞官回籍。

按照一般情况，陈廷敬有罪无罪，再经过审查，自然会水落石出。然而，据《清史稿·陈廷敬传》记载："曾奉谕：此案若严审，牵连甚多，就已经审实者即可完结。于是置弗问。"康熙确实下令一查到底，可是，当张汧的供词里出现的人直接牵扯到他身边的工作人员徐乾学、

高士奇、陈廷敬时，这让他很没面子。

根据实情，这三人也许没收受贿赂，或许根本不知情，但是既然被张汧乱咬出来，说明还是有问题的。如果再追查下去，康熙就会更难堪而不可收场，最后他下令该案"不得蔓延，不得牵连众人"。但是，和张汧贪腐有直接关系的一些人员均没能幸免。

从判决结果来看，判决相当严厉：侍郎色楞额查处不实，应论斩监候。张汧、祖泽深，蔑法受贿，应论绞监候。张汧的家人受到株连自不待言，而且保举提拔张汧为巡抚的户部侍郎王遵训、内阁学士卢琦、大理寺丞任辰旦也被撤销职务。不仅如此，他以前做官的历史也被追查：保举提拔张汧为布政使的大学士梁清标、尚书熊一潇被免于撤职，降三级留任。受到牵连的还有张汧的上下三官，上即湖广总督徐国相，下即那布政使胡戴仁和按察使丁炜，徐因"与张汧同在一城办公，竟对张汧的贪污行为毫无觉察，没有参奏，实属徇私庇护"而被撤职；胡自然是因为没有顶住张汧的勒索，有怂恿之嫌，被降两级调任，赔了钱财又折官；对丁的处理同胡，原因类同徐，身为按察使，不检举揭发"上级"张汧的不法行为，实有失"按察"之职。而其他被牵连进去的在京官员在判决中并没有涉及，看来康熙对待身边的近臣还是相当留情面的。

尽管康熙法外开恩，但是相关官员还是要主动辞职，以表罪过。因为和张汧是亲家，陈廷敬只能自请解任吏部尚书，把担任的其他职务也全部拱手让出，最后只剩南书房值班这一单调工作，这是陈廷敬仕途上的一大挫折。

高士奇和徐乾学因为康熙的庇护，毫发未损，均觉得渡过了难关，又见最红的陈廷敬受到打击，明珠受到牵连，两人拍手称快。

张汧留给世人的形象是贪腐，但世事哪有这么简单。张汧在福建任内为什么会亏空九万多两银子，清朝法律是很严厉的，离任审计是很严格的，张汧不会不知道这个后果的严重性。亏空不一定全是贪污造成的，也许是挪用，或者是上级借用，真实情况不得而知了。

此外，还有一个重要的线索，张汧进入官场比陈廷敬早十几年，不论是阅历还是社会关系都比陈廷敬要深得多。据《清史稿》载："湖广巡抚张汧亦明珠所引荐者也。"所以，张汧贪腐案的余波逐渐指向明珠，这也是加速明珠垮台的另一个因素。

专心治学

然而，这场风暴并没有停息。陈廷敬在南书房低调工作，不与人相争。高士奇急需压倒徐乾学，因权势之争，他与徐乾学交恶。御史郭绣很快又上奏弹劾高士奇。陈廷敬也对高士奇向外透露康熙秘事做了汇报。于是，高士奇被康熙命令退休回家。

高士奇为官之初，还是颇为清廉的，数年之后也开始纳贿。也许是有些顾及自己的清名，不愿意沾上"铜臭气"，他的纳贿方式便与众不同，只收受古玩书画，尤其对古人、名人的书画精品更为喜爱。买不到真品，高士奇就买赝品。因为康熙特别喜欢书画艺术，所以，高士奇所买的真假艺术品除了自己收藏以外，大部分都贡献给了康熙。所以，康熙的藏宝里有一部分都是赝品。这本是欺君之罪，可是康熙却没治高士奇的罪。

高士奇被罢官后，自返老家安享晚年。不过，康熙依旧对他很恩宠，数次南巡江南还召见他侍驾。可以看出，高士奇的情商特别高，能让康熙这么认可他。

不久，副都御史许三礼上疏弹劾徐乾学招摇纳贿，相为表里。可是，此次上疏并没有扳倒徐乾学，许三礼再次使用了更严重的言辞进行参劾，徐乾学也被迫告老归家。康熙赐予徐乾学以"光焰万丈"匾，让他回乡修书。徐乾学回到苏州后，明珠亲信两江总督傅拉塔、山东巡抚佛伦先后利用徐氏家族在地方上的不法行径进行弹劾，徐乾学最终被革职，其弟徐元文也被命令休致回籍。明珠余党的报复使徐氏家族的两位最主要的成员罢官去职，声名狼藉，晚年凄凉。仕途上的坎坷导致徐乾学担忧过度，没几年驾鹤而归了。

南书房三巨头走了两个，只有陈廷敬仍留京修书，低调行事。康熙身边的近臣接连出事，他不能再失去陈廷敬这个得力助手。所以康熙对

他力保，等待时机让他重新复出。

康熙二十七年（1688 年）五月，陈廷敬上《俯沥恳诚祈准回籍以安愚分疏》，他这样写道："臣薄劣孤生，迂拙自守，荷蒙皇上天地养育之恩，生成造就，宠禄逾涯。臣自念无他材能报塞万一，惟早夜竞竞，思自淬厉，不徇亲党，不阿友朋，上恐负圣主之殊恩，下欲全微臣之小节。乃至积有疑衅，飞语中伤，如前楚抚一案者。汧虽臣戚，泾渭自分，嫌疑之际，尤臣所慎。彼既败事，遂疑及臣，积疑成恨，语涉连染。……虽臣之心迹即此可白，而臣之自处须适所宜。惟当退隐田间，永衔恩于高厚。"

这篇奏文，陈廷敬真的是字字珠玑，回顾了整个案件的经过，深刻剖析自己的灵魂，严厉地做自我批评，对康熙的体谅和理解感到无以回报，一再想退隐田园。这不是故作可怜，以退为进。他知道康熙是一个睿智的皇帝，卖弄伎俩反倒弄巧成拙，他是真的无颜面对康熙。

陈廷敬是一个非常注重自己名声的文化人，他进入仕途三十余年来，洁身自好，奉行"不取一文"的原则，为人处事谨慎小心，一向"老成、宽大"，坚持自己清、慎、勤、廉的作风。所以，康熙十分信任和赏识他，一直予以重用。陈廷敬也有知恩图报的想法，想尽此一生回报康熙的礼遇之恩，忠君爱国。当被张汧牵连出贪腐时，爱惜羽毛的陈廷敬确实被伤得不轻。陈廷敬早就看不惯张汧依附明珠的行为，对这个亲家很不满意。

陈廷敬向康熙汇报了思想动态。康熙一再安慰他，让他放下思想包袱，轻装上阵，不要被小人困扰。陈廷敬心里这才稍稍安稳了许多。他还写诗表明心志：

> 平身疾历少清欢，又觉萧条节序阑。
>
> 世上宦游今已足，天涯风物几回看。
>
> 杏花眼孔三春热，梅子心肠隔岁酸。
>
> 迂叟当年思一笑，闲居洛下不休官。

陈廷敬内心的苦闷、憋屈的心情跃然纸上，在这种情绪的支配下，他远离了一切事务，只是每隔四天到南书房值班一天，然后就在家里闭门修书，不问世事，对待亲朋好友也更加小心，担心言多必失。此后长达两年的时间里，陈廷敬都很低调的工作和生活，这一次受张汧贪腐案牵连，尽管康熙保全了他，似乎所有的证据也难以证明他曾有受贿的迹象，但是他的名声还是受到一定的影响。而康熙不想扩大追究此事，也似乎有难言之隐，总之，在惩办了张汧一案的相关官吏之后，陈廷敬开始进入他这一生中最孤寂、最煎熬的岁月。唯一的好处就是，摆脱了官场事务束缚的他，终于可以专心致志地研究学问了。

在此期间，他的创作热情异常高涨，不仅完成了筹划许久的《杜律诗话》，还撰写了许多大块头文章，比如《物外楼记》《记故太医吏目朱升事》，还为赵士麟的《金间合语》作序等。其中最引人注目的是他为查办张汧案的负责人直隶总督于成龙作传时，大加赞赏其作为廉吏的高风亮节，不吝溢美之词，表明了自己的气节，也向众人传递了自己痛恨腐败行为的做人准则。

第十章　严之以礼

　　沉寂了两年，陈廷敬的意志并没有消沉。为了报答康熙对他的信任，他重返朝堂之后，爆发出前所未有的活力，在多个工作岗位上战果赫赫。由他牵头引发的反腐倡廉行动，不仅让大清官场接连"地震"，也让康熙为之叹服……

清操肃然

　　康熙需要陈廷敬这样能干的大臣，对他依然关照备至。康熙二十七年（1688 年）十月，康熙封他为资政大夫。很多迹象表明，陈廷敬只是暂时蛰伏，等这些风波过后，他还会东山再起。

　　陈廷敬从检讨一直升到吏部尚书，又进入南书房，成为"帝师"，他和康熙确实有超越了普通君臣的情感。陈廷敬就像康熙成长道路上的一位领路人，也可以比喻成"教父"兼"慈父"，尽管类似陈廷敬这样的"帝师"在南书房中有很多位，但是陈廷敬无疑是最受康熙信赖和尊敬的。

　　康熙是一个很讲原则的人，为什么对陈廷敬如此礼遇呢？这主要是和陈廷敬的才学品德、知人善用以及踏实高效的工作作风有关。

　　康熙十分爱才，但更看重人品。高士奇很有才，但是拍马屁的功夫很高；徐乾学崇拜权力，为此拉帮结派；熊赐履因为拟旨出错，竟然销毁证据，嫁祸他人；张英因为审稿不严，导致祭文出错，等等，这些事情康熙都心知肚明。

唯有陈廷敬，康熙找不到他任何缺点，学问高深，人品高贵，工作能力极强，不管什么岗位都尽心尽力，拿得起放得下，可以说一个全才。放眼整个京城，像陈廷敬这样的"全能官员"只有他一个，而且忠心耿耿，任劳任怨，不计较个人得失。

自任检讨一职以来，陈廷敬"平生自守冰渊志"，在主持翰林院、詹事府、都察院以及各部的工作中，所承办的所有事情，都是从忠君和有益于民生的角度出发的。做事不拘泥，屡有创新，这和其他官吏是完全不同的。陈廷敬要么不做，一旦接下了任务，就注定会革弊除害、一鸣惊人。这些都是陈廷敬身上的闪光点。

此外，陈廷敬是一个杰出的诗人，康熙十分喜欢读他的诗。在陈廷敬的诗作中，向皇帝和清朝表达忠心的内容特别多，而且多是发自肺腑的真情表露。这一点至关重要，在清朝，臣子的诗词就和我们现在的朋友圈一样，你的心情、情感、志向、兴趣等都会表露的淋漓尽致。康熙了解臣子的途径自然也包括读臣子们的诗。当然，有些臣子会刻意在诗中歌颂康熙，但是情感远远达不到感动康熙的程度，唯有陈廷敬的诗真情流露，读起来荡气回肠。例如《赐石榴子恭纪》诗中的"风霜历后含苞实，只有丹心老不迷"诗句；《赐游西苑记》中的"且随芝阁分藜火，剩有冰心奉至尊"诗句，都是他向康熙表忠心的明志诗。康熙看了这些诗之后心里很高兴，使陈廷敬的印象分不断叠加，好感度持续上升。

陈廷敬一贯公正廉洁，"处脂不染，清操肃然"，这些都是众人亲眼看到的，康熙心中有数。康熙虽然是皇帝，但也是性情中人，内心有不愉快的时候也会向"宠臣"吐露一下心声。向谁述说是有学问了，如果述说的对象不对，皇帝的心声就会被泄漏出去。前文提到康熙问高士奇有关明珠一事，就是借高士奇的嘴起到了传递出消息的目的，因为高士奇就是"碎嘴子"的人。但是陈廷敬却不然，他特别谨慎和安分守己，守口如瓶，有君子之风。康熙曾经多次对臣子们说过"谨慎便是好人，人能恪勤守分，何所不宜"这样的话，但真能铭记在心的却不多。陈廷敬恰恰就是把这句话牢牢地铭记在心。

陈廷敬向来谨言慎行，不乱交朋友，"守官奉职，退轺闭门，不愿妄从流俗交游，朝士多不识其面"。陈廷敬虽然是名震京城的高官，但是不认识他的同僚却很多，足以见其低调、不卖弄、不炫耀的性格。李光地说他"泽州之慎守无过，后辈亦难到"。因为鳌拜前车之鉴，康熙非常痛恨官员们拉帮结派，所以对洁身自好的陈廷敬印象就很好。

康熙纳善如流、谦虚好学，最能打动他、使他尊敬的还是名家大儒的学识。陈廷敬学问高深，恰好满足了他的需求。这位中国历史上学问最精湛的皇帝非常想用儒家思想治理国家，所以就招募天下"学问经术有名迹"的人来加强经筵日讲，并从中选拔重要执政大臣。治学是陈廷敬最喜欢的事情，他在经学研究上不仅造诣很深，而且是当时的经学大家，这自然是康熙最看重的。大学士李霨这样评论道："皇上右文重道，最慎讲幄之选，子端以学行膺简拔，橐笔螭头豹尾之间，效启沃，蒙顾问，恩宠至渥。"

由此可见，康熙力保陈廷敬不被调查，是有很多的个人情感因素在里面的。即便陈廷敬没有贪污受贿，但是被张汧死咬一口，无论多么清白也难以自证，何况这受贿之事都是隐秘进行的，两人又是儿女亲家，真是永远难以辩解清楚。

康熙深知这一层的厉害，故而叫停了办案深挖，设置了一个缓冲地带，保护了陈廷敬。这也是陈廷敬的品德、才干、学识等征服了康熙，他的"克励公忠""学术弘通""小心弥著""夙具才干""洁身自好""廉洁奉公"等品性让康熙欣赏和倚重。或许就是这些优良的素质和表现，才是康熙保护他的根本原因吧！

求真务实

康熙治国，在多大程度上是由陈廷敬这样的"帝师"影响的呢？有学者认为："陈廷敬与康熙之间这种密切的政治关系，在一定程度上深刻影响着清朝政治的发展。"这句话还是有一定道理的。

日讲制度确立于康熙十年（1671年），于次年正式开讲，到康熙二十五年（1686年）四月停止日讲，总共讲了十四年。这个时间正是康熙十九岁到三十三岁的年华，大致相当于现在的学生从高中一直读到博士毕业阶段，恰好是人一生中最佳的学习时间，也是一个人世界观和价值观形成的关键时期。

康熙在这十四年中，系统地学习了四书、五经以及多种历史典籍，对儒家和程朱理学的许多著述耗时最多。他对自己知识的获取很是满意，对日讲官也经常进行赞扬和奖赏，以表达自己的敬意。先后担任康熙日讲官的共有十九人，他们的见识和讲解对康熙都会产生一定程度的影响，无论是在政治上还是在思想上，甚至在个人修养上，都会多多少少地让康熙受益。

陈廷敬不仅治国安邦的理论精湛，而且还有很多实践，他主持的各部工作成绩可圈可点。在十九位日讲官中，唯有陈廷敬任经筵日讲的时间最长。在进讲的次数上，他不是最多的，次数最多的是孙在丰和叶方霭，排在第三位的就是陈廷敬了，超过熊赐履和汤斌的进讲次数。此外，陈廷敬受康熙之命，和喇沙里一起刊刻出版了《日讲四书释义》，而这部书又是康熙的最爱，几乎是书不离人，有空就钻研。

康熙十六年（1677年）五月二十八日，康熙和喇沙里、陈廷敬、叶方霭、张英四人畅聊，说了这样一段肺腑之言："卿等进讲启导，一一悉备，皆内圣外王修齐治平之道。朕虽不敏，罔不孜孜询之。每讲之时，必专意以听。但学问无穷，不在徒言，要惟当躬行实践，方有益于所学。"康熙不仅就此表扬了日讲官们的功绩，而且非常清楚地说明了讲官们对他学问和施政的影响。

在这四人中，当时的喇沙里和陈廷敬官阶最高，都是翰林院掌院学士，当时的叶方霭和张英分别是侍讲和侍读。从分量和影响程度上，后面二人显然不如前面二人。喇沙里是旗人，对经学和儒学的钻研显然不如陈廷敬，所以进讲中的主讲肯定是陈廷敬。康熙感慨地说："朕政事之暇，惟为读书。始于熊赐履讲论经史，有疑必问，乐此不暇，继而张英、陈廷敬等依次进讲，大有裨益。"康熙十六年（1677年）共有八十二次进讲，叶、张二人有时是分别参加的，而陈廷敬却是每次都参

加了进讲。从这些数据和事实可以看出，康熙口中的日讲官们的功绩和对自己的影响，显然陈廷敬是占了主要地位的。

那么，陈廷敬都在哪些方面对康熙产生影响了呢？

其一，用儒家思想影响康熙的世界观，希望康熙"天德与王道同功，修己与治人兼至"，实现"修身、齐家、治国、平天下"的伟大梦想。陈廷敬始终坚持"民为邦本""为政为民"的宗旨，教导康熙皇帝负有爱民、养民的使命，而民是国家社稷之本，要藏富于民，用心"益民"。

其二，和康熙一起弘扬了程朱理学。理学是主"敬"并重"躬行"的，而"敬"的实质是忠诚务实；"躬行"就是注重实践，反对空言。而陈廷敬是实干家，执行力超强，不空谈，这对塑造康熙的务实个性很重要。陈廷敬具备"求实、务实的治学倾向，学以致用的思想观点"，这是毋庸置疑的。他针对官场上惰政的风气问题写道："若一向辟缁黄，斥异学，虽其议论明快俊真，而不问其实践力行，自得乎已者何在？则亦徒托之空言而已矣。"空谈误国，实干兴邦，陈廷敬的思想深深影响了康熙。

康熙一生坚持勤政务实，力主"重行"，即"君临天下之道，唯以实心为本，以实证为务。"康熙说："朕平日里读书穷理，总是要讲求治道，见诸措施。故明理之后，又须实行；不幸，徒空言尔！"他还批评那些喜欢空谈的官吏，厌恶言行相悖的人。可以看到，康熙的观点和陈廷敬何其相似！这不是偶然的，应该是陈廷敬的以身作则的行为影响了康熙这位谦虚好学的学生吧！

强势复出

康熙二十九年（1690 年）二月二十六日，张汧贪腐案尘埃落定，相关人员关的关，流放的流放。大清国势蒸蒸日上，年轻的官员不断地被选拔上来，从朝廷到地方都多了很多新面孔。康熙的帝王之威达到顶峰，皇权日益巩固，预示着四海来朝的万世之业到来了。不过，大清的官场锐气有余，却缺少一股恢弘正气，缺少沉稳雄浑的脉象。此时，京城官场各个领域急需领军式的官员，陈廷敬复出的迹象越来越明显了。

陈廷敬在南书房低调谨慎，潜心治学，忽然间他被康熙重新起用了，重任都察院左都御史。再次强势崛起，谁也不曾想到，从这时起，陈廷敬吉星高照、事业一帆风顺，再次成为康熙身边的大红人，称他为"政坛常青树"都不为过。

陈廷敬心里明白，康熙这一次重用他，是他唯一重回官场的机会，也是康熙对他莫大的信任。如果这次做得不好，自己的下场就很难说了。

左都御史，监察百官，康熙的言外之意很明显，陈廷敬是清白的！否则不会让他回到这个位置上，这让陈廷敬感激涕零。回到左都御史岗位之后，陈廷敬更加注意言行举止，带领自己的部门循规蹈矩做好分内工作。

工作中，陈廷敬一丝不苟，兢兢业业，以解决实际问题为主，只要不合情理和法规的陋习都要去除。当他发现都察院中的言官（都察院所属的六科给事中、各道的监察御史，都被称为言官）中有许多陋习未改，便向康熙奏上《直陈言官建白疏》。他对问题不回避，也不怕得罪人，所以他列出的问题都很尖锐，值得深思。

陈廷敬在奏疏中直言不讳地说："陈思科、道之设，所以广耳目而申献纳，于人才之协正，吏治之贪廉，事关生民利害者，必正言无隐，而后克副斯职。"他的意思是说，言官的存在非常重要，有关社稷安危，所以必须有话直说，不得回避，更不能不说。

因此，他建议言官要做到以下几点：

第一，遇有内外臣僚"果有奸贪不法""果有纲纪关系"者，"则当切实指陈"，不得只"毛举细故""欲以塞责了事"。也就是说，有问题直接指出来，不能拈轻怕重，只挑无关紧要的事情说，这是敷衍了事。

第二，凡有建白，不许预闻于堂官僚友，并杜绝他人请谒，以防"嘱托之弊"。他明确指出，不许暗地里通风报信，窜通口供，也严谨

接受他人的宴请，以免上了贼船。

第三，言官之职掌，即纲纪之攸存，故言官"言不轻发，发尔必当"。这句话很好理解，陈廷敬告诫言官一定要注意查有实据后再举发，不要盲目行事，授人以柄。

第四，有些官吏上疏进言，"冗长之词多，论事之言反少""章疏拉杂，闲文冗沓繁芜"，今后"进言之体，贵乎简明"。最后这条意见很有针对性，陈廷敬对那些动辄上疏万言的臣子很是反感，整篇奏疏拍马逢迎，言之无物，浪费皇帝的时间，也浪费他人的工作时间，最为可恶。

陈廷敬列举的都是事实，这些官场扯皮、通风报信、拉帮结派、工作效率低下、相互推诿之风等等，大家都视而不见，反而乐在其中。陈廷敬上任左都御史之后，深感康熙给予他的重任，要为大清的官场来一次地震，清除害群之马，正本溯源。

为了报答康熙的垂青之恩，陈廷敬这样说："伏念风纪重任，臣若不正己率属，益加砥砺，则有负皇上简界之意，亦非生平惓惓报主之心。"看得出来，陈廷敬对康熙的态度是特别感激的，他没有被牵连入狱实乃皇上垂青和开恩。如果不粉身碎骨，报答康熙，即便身死也有愧于这位伟大的皇帝。

康熙看到了这份奏疏，对陈廷敬做事的态度和执行力十分欣赏。他基本认同这份奏疏里的提议，但是也下达了新的指示精神。他说："设立科、道，原欲其建言也。至条奏之事，是否可行，自有裁定。若大事始言，则言官难分事之大小，以致进言者少，非所以集众思，广从益也。"康熙还是认为言官不论大小事，都要主动汇报，不能只报大事，忽略小事，不这样做怎么能集思广益呢？康熙的确是个有思想的皇帝，他会深入思考臣子的奏疏，合理的批准执行，不合理或者不合适的他也会否定。从这一点来看，康熙确实学到了儒家思想的精髓，并且灵活应用，难能可贵。

左都御史是陈廷敬重返政坛的第一个岗位，他上任伊始，便雷厉风行，首要之事便是肃清明珠、高士奇、徐乾学派系的流毒以及大力查处贪腐分子。他敏锐地察觉到了康熙有加强皇权、巩固国本之心。他便把自己当成康熙皇帝的一支枪，随时进行开火，不论是明珠，还是索额图，都在他的调查之中，他要帮助康熙消除朝廷中多年的"明""索"两党之争。重返政坛之际，一向老成稳重的陈廷敬终于痛下狠手了。他的干劲十足，成绩显著，让康熙十分满意。

陈廷敬工作得力，不仅再次被任命为经筵讲官，还转为工部尚书。正如他说的"丈夫五十如少壮，努力清时致卿相"。他这样激励自己厉行善政，以政绩擢升自我。

运筹帷幄

康熙二十九年（1690年）五月，在掌握了西域大部分政权之后，噶尔丹在沙俄殖民者的支持和怂恿下，以追寻土谢图汗和哲布尊丹巴为名集兵三万，渡亚乌札河，扬言请俄罗斯兵，会攻喀尔喀。噶尔丹的军事行动严重威胁到了清朝的领土安全。康熙果断发动了对噶尔丹的军事打击行动。

康熙一面警告沙俄不要干涉中国内政，一面令理藩院尚书阿喇尼备边，征调科尔沁、喀喇沁等部兵至阿喇尼军前，听候调遣。六月，噶尔丹进入乌尔会河以东地区。尚书阿喇尼领军阻截噶尔丹，不幸兵败。噶尔丹趁势入乌珠穆沁地。乌尔会河之败，使康熙意识到噶尔丹不可轻视，如不彻底将其击败，后患无穷。于是，康熙决定亲征。

七月初二日，康熙命裕亲王福全为抚远大将军，皇子允禔副之，出古北口；恭亲王常宁为安北大将军，简亲王雅布、信郡王鄂札副之，出喜峰口；内大臣佟国纲、佟国维、索额图、明珠、阿密达、都统苏努、喇克达、彭春、阿席坦、诺迈，护军统领苗齐纳、杨岱，前锋统领班达尔沙、迈图俱参赞军务。

这是一场艰辛的作战，所需军需物资不计其数，道路维护、粮道运输等事务繁忙，作为工部尚书的陈廷敬自然任务繁重。为了确保战事顺利，朝廷加大力度征收钱粮，尤其是那些产粮大省更是征收赋税的重中

之重，为此，百姓负担苦不堪言。

首次御驾亲征，康熙出师不利，竟然生病，而且病得很重。太子胤礽与皇三子胤祉赴康熙行宫探病，面对病得很重的康熙，胤礽竟然没有表现出太多的关心之情，一副冷冰冰的样子。康熙暴怒，大骂太子一顿，勒令他先行回归京城。当时只有十六岁的胤礽可能根本没有意识到皇父的不满，但是康熙认为皇太子不孝，不堪重用。后来康熙在废太子时说已包容了他二十年，就是把这件事作为起点的，可见此事给康熙留下了多么深的印象。

二十七日，福全所部抵达拜察河（高凉河）、吐力埂坷（四道河）、克什克腾旗一带。常宁所部在乌珠穆沁败于噶尔丹。康熙急命常宁速与福全会师，以集中兵力；命康亲王杰书率兵由苏尼特进驻归化城，以断敌归路。二十九日，噶尔丹率劲骑两万，屯兵于乌兰布通（今内蒙古翁牛特旗西南）。噶尔丹驻乌兰布通峰顶，于峰前布设"驼城"，严密守御。

清军在乌兰布通地区冲击了噶尔丹的阵营，将他用上万骆驼组成的阵地全部毁坏，噶尔丹撤退到了科布多地区。八月初一日，福全率军向乌兰布通发起进攻，连战三日，大败噶尔丹。初四日，福全误中噶尔丹缓兵之计，使噶尔丹逃脱。噶尔丹率余兵千余，以科布多（今新疆吉尔格朗图）为基地，恢复生机。

首次西北用兵，陈廷敬没有跟随康熙前往，而是留在后方做后勤保障，这是一个繁杂而艰巨的任务。好在他经验丰富，又熟悉各个部门的流程，所以后勤保障很得力，受到康熙表扬。陈廷敬通过康熙御驾亲征，感受到清朝的威武强大，他忍不住赋诗歌颂。他的《北征大捷功成振旅凯歌二十首》《圣武雅三篇》等，都是以极为热情的叙事语言表达对康熙的崇拜之情的，真实记录了康熙万里赴戎机的历史事实。不仅描绘了康熙"本意为销兵"的意图，即以战止叛，还称颂了康熙捍卫国家主权和领土完整的伟大意义。比如，陈廷敬在《北征大捷功成振旅凯歌二十首》（其一）诗中这样写道：

汉马河源饮欲干，夕阳万灶冷炊烟。

王鞭应有山灵护，指处三军见井泉。

宜阳时节草芊芊，便是穷荒大有年。

风伯雨师齐效顺，可知圣德格皇天。

算得西营计日粮，玉音才罢见封章。

悬知宿饱三军士，金革衔恩在战场。

从诗中可以看出，陈廷敬从天时、地利、人和三方面着重描绘了康熙的正义之师的雄壮威武，表达了万民敬仰之情，同时也表达了对大漠里行军作战的艰苦卓绝，也着意描写了大军到处查找水源、埋锅造饭、喂养战马的军旅生活。此外，他还提到粮草运输的关键事务，他积极筹划、部署，保证了战事顺利，能为西北战事出一份力而感到欣慰。

当西北大捷后，陈廷敬在《北征大捷功成振旅凯歌二十首》（其五）诗中这样写道：

幕南庭北接王畿，一道清尘捷骑飞。

四十九藩先拜舞，朔天养生在皇威。

九边万里抱神京，地尽遥荒戍不惊。

夜夜关门开晓月，天家本不用长城。

诗中描写了蒙古各部都心系王师，热切渴望朝廷大军取得胜利。苍天有眼，康熙大军大破噶尔丹，整个蒙古大草原处处都可以看到胜利后的欣喜，牧民和王爷们得以安乐地生活，这全仗清军的威武，皇帝的英明，整个草原达到了空前的安定团结。陈廷敬在诗中歌颂的草原军民都以人心为长城，忠心于朝廷，成为清朝的忠实子民，民族友爱指数再攀新高。这是康熙最乐于看到的景象，通过诗人的描写，一位旷世明君的形象呼之欲出。也许正是因为陈廷敬擅于写歌颂康熙的诗，他的得宠也就顺理成章了。

在另一首诗中，陈廷敬发出"黄图开拓要荒外，柔远何须闭玉关"

的感慨，热情饱满地赞颂康熙捍卫国家主权，保证领土完整与社会的安定的功业，将严肃的政治、军事、民生等重大题材，以艺术的手法鲜明地展现出来，这是他与众不同的创作方式。他的诗篇完全可以当作纪录片以及新闻报道来观看欣赏。这首诗立意高深，很合康熙的心思。于是，康熙又给陈廷敬委以重任。

陈廷敬更加重视民生和大力推行重农恤商的宏观政策。这些政策的落实自然离不开康熙的大力支持，这位伟大的皇帝给予了陈廷敬不同的平台，让他尽情地施展毕生才华。君臣密切配合，诸多利民政策得到顺利实行。陈廷敬推出的最有益于民生的就是"蠲免赈济"的政策，影响很大。

陈廷敬认为，赋税与社会兴亡有着直接的关联，凡是明君，必有盛世；凡是盛世，必有盛治；而盛治中必然是赋税相宜，符合于中道，若行重税，社会便有可能发生一定的变故。陈廷敬认为，取民之制"不过什一"，故成盛治。反之，朝廷"聚敛"就会加速国家衰败，直至灭亡。

陈廷敬试图向康熙传递两个理念：其一，天下之民如果没有了赖以生存的生活、生产资料，这个国家无论多么强大，军队多么有战斗力，都很难存在下去。所以藏富于民是国家兴盛的基本；其二，中国历史上"聚敛必亡"的朝代已经被反复证实，不能走失败的老路。他引用《礼记》中的话，原文是："百乘之家，不畜聚敛之臣。与其有聚敛之臣，宁有盗臣。"康熙听明白了，也逐一落实了。纵观康熙王朝曾多次对百姓蠲免钱粮，这也是促进康乾盛世的一个因素吧！

整顿刑部

康熙三十年（1691年）二月，陈廷敬担任会试正考官，与另一位正考官大学士张玉书和副考官兵部侍郎李光地、兵部督辅左侍郎王士禛共同主持了辛未会试。

康熙三十一年（1692年），康熙又连续调整陈廷敬的工作，先任刑部尚书，又任户部尚书。陈廷敬任职刑部尚书期间，他针对刑官的一些弊病和刑部所辖系统中存在的问题，进行了周密的调查和摸底，最后出台了整改措施，形成《刑部堂谕》以用来指导刑部的工作。

刑部机构历来庞大，分支机构林林总总，因为权力大，各派势力均想染指其中，最后形成不同的势力集团，拉帮结派，钩心斗角，利益纷争极深，所以也是腐败的重灾区。

陈廷敬本着求真务实的态度，开始整肃刑部，从刑部各个直属部门的工作流程入手，大力改革，掀起空前力度的反腐特别行动。刑部所属的单位多，相应的各级官吏也多，又因为某些不可调和的派系权力之争，导致刑部成为六部中职官最多的一个部，官员总数超过四百人。这给管理也带来了诸多不便，有的下属部门各行其是，不遵号令。

在陈廷敬发布的堂谕中，首先就对刑部官员所存在的问题提出了"刑官之要"四条，用来约束刑部官吏。

第一条是要"格非心"。刑部掌管着刑法权力，一念之间都关系着犯人的"生死存亡""骨肉分离"，所以"居是官者"必须明白刑法的"残酷"，要有"上体圣主好生之德，下尽人臣奉法之心"，克服人心的黑暗和贪婪，严谨"枉法行私，招摇纳贿"。陈廷敬首先指出刑部的官员要有一颗公正、守法的内心，这样才不会徇私枉法。

第二条是要"审律例"。陈廷敬认为即便是面对犯人，也要区分罪行大小，按罪量刑，"唯此一定之律耳"，不可凭主观臆断其罪。因此，他要求刑官，"凡说堂具稿，必满汉司官共同画押，细加详酌，审罪条，参律例，无因循不一以取过端。"这就避免了信口开河的现象，共同画押满汉司官还可以互相监督，对保证执法公平起到了积极作用。

第三条是要"清堂规"。陈廷敬要求刑官，"凡急公办事，必须井井有条，上下整肃。"一切都按制度、流程办案，不允许滥用私刑，私自发挥。凡办事说堂，必须大公无私，同心协力。部门之间，上下级之间相互配合。"自后遇说堂时，必挨次定规。当系某司说堂，则某司官员上堂定稿。"而"堂上必须清肃"。说堂就是在堂上述说，这就要求刑官不能毫无准备，想到哪说到哪，就和如今提起公诉的检察员一样，要有定稿，而且讲堂上必须庄重。

第十章 严之以礼

159

第四条是要"惩猾吏"。陈廷敬发现吏部刑官依仗手中的权力，肆意歪曲事实、欺压凌辱、吃拿卡要、贪腐扯皮、胡作非为，他发誓要铲除刑官的这些不良行为。他对此特别指出"本部凡投告之人，自外而内，若无使费，虽有沉冤，不得达于官长，与夫投文领批等事，辄有需索。至于重监罪犯，于入监之时，必厚赠牢头及众禁卒，遂得宽松"。这种区别对待犯人的行为自古以来就有，很难杜绝，陈廷敬想要除之，还是有很大难度的。他对那些牢头禁卒的行为心知肚明，因此重点打击他们。"漫天大罪""此诚大弊也"，必须严加责罚。他设定了六条工作红线，严禁牢头禁卒逾越：第一，严禁差役横行；第二，严禁吏卒吓诈；第三，严禁吏卒虐索；第四，严禁屈辱女犯；第五，严禁赃罚错漏；第六，严禁号件遗漏。这些禁令都是有针对性的，对于规范刑官的行为起到了监督作用。

以上这些举措振聋发聩，让刑部自上而下的官吏都紧张了起来，但是，陈廷敬的父亲却不幸病逝了，他就任刑部尚书仅仅两个多月，就回家丁父忧守制去了。至于他发布的堂谕具体落实的怎么样已经无从考究，估计沦为一纸空文的可能性较大。不过，在探索法制建设、权力约束、权力监督、执法人员纪律等方面，陈廷敬的理念还是非常前卫的。他指出的刑部官吏的弊病都是客观存在的，相应的整改措施也是合情合理的，这都体现出他实事求是、认真负责的精神。

以法治世

陈廷敬的法治思想比较前卫，内容极为丰富，论述亦堪称深刻，具有理论观念与具体运用相结合的特色，其中有三个鲜明的特点。

首先，他认为刑法之制之用，不能忽视，刑法是必不可少的治世之物；另一方面他又认为刑法之用，与其持谨小慎微之态度，不如持务实的态度。

我们应该明白"法因时屡变""该古代之势不同，而法亦因时而屡变也"。这样刑法才适合当前社会现状，有益于百姓安居乐业，有益于社会稳定。自古以来，若行之有实效，在于治世之官吏有实心；若行之欠佳者或不佳者，不在于民之愚，而在于官吏之滑。故而说明，欲为清明之世，必须有廉洁奉公的官吏，官吏之不洁，何言礼治、法治，更何言太平盛世。所以，吏治是治世之首要问题。

其次，他认为法治中刑法要适度，要公正执法。

刑法的目的，在于教化整个社会的成员，使其自觉遵循社会规范与公共的伦理道德。他认为刑法制度的执行一定要公正，否则有失社会的公信力，必然会造成日久弊滋，其前景是不堪设想的。因此，在陈廷敬任刑部尚书之职时，首先做的一件事，就是严肃地整饬所有的司法官员，使他们在执法中有法可依、有法必依、执法必严，杜绝乱用刑法，杜绝执法、违法、犯法的严重错误行径。陈廷敬的这些法治思想与执法措施，对清初的社会发展，曾起了一定的积极作用。他的以法治世的观点，对我们当今社会也有一定的借鉴意义。

最后，加强法制建设也是他为政思想的一部分。

从陈廷敬任左都御史开始，就整顿全体官员的官风，到任刑部尚书之后整顿司法官员的官风，根本出发点都是为了防止官员腐化堕落，不思进取、以权谋私等，结果虽然不是很完美，但他在加强清朝官员法制建设方面所出的贡献是值得肯定。

他对此着重指出，一些刑部官吏为私心之人，尽失人之本心。他们不仅以恶行对待一切有罪者，而且贪腐行私，做出种种知法枉法、知法犯法的罪行来。他又指出，这种恶行，必将受到恶有恶报的恶果，最终会"为后日所自受"！他认为刑部官吏应有"尽心"的观念，实含有深意，一方面他说明只有"尽心"，方可以做到"尽职"，尽心是尽职的重要基础；另一方面又说明"尽心"之"格非心"，必须发挥人之本心，"尽心"之作为，并不是与执法之举相矛盾，而是一致的。

他的这种善待人之心，尊重包括获"极刑"者的观点，是法学史上闪光的观点，远远超越了他作为清王朝刑部尚书的视野，是古代论法之中的难得之见。这个理念也直接影响到康熙，从康熙的大政方针中，也可以看出他对官员也一直在施行教化。

从陈廷敬的诸多文献中，我们可以找到他的理论依据。他是一个注重实践、重视调查的官员，不仅对官员要求甚严，对百姓也是如此。他发现百姓之犯法者，有的"出于无心"，有的"是以微故罹于刑辟，至有以三铜钱杀人而抵者"。说白了，就是政府普法不到位，百姓们不知道自己的行为已经严重违法了，或者不明白自己的行为会承担哪些法律责任。"鄙野之氓触禁未止"，就是说百姓们见识浅薄，或者说无知者无畏。

于是，陈廷敬掀起了一场大范围的普法活动，把法治观念推向民间百姓。他把《小儿语》和《宗约歌》这两本通俗的劝人知法守法的书重新刊刻，并撰写了《合刻吕氏二编序》向老百姓隆重介绍此书的意义。他说："非其不知人不可杀，而人之所以不可杀之故，凡民之知之者或鲜矣。此二编者，虽非独为此而作，然童而闻之，熟于口耳而悦于心，人之所以不可杀之故，将深知其意。长焉老焉，谨而避之，民之犯于刑者亦鲜矣。"启迪民智，教化民众，这是陈廷敬始终坚持的理念。他期望民众懂法、守法，共同维护法律的尊严，促进社会和谐。这对稳定大清社会秩序，维护安定的社会治安，敦促百姓成为大清顺民起了巨大的推动作用。

陈廷敬认为"正人心""定民志"者，是治世中重要的一面，若人心向善，风俗淳厚，则可依之于礼，而疏之于刑。对此，他认为，自古以来，礼崩乐坏，必然有严刑峻法生。若赖刑罚治世，又必然导致社会之动乱不止。因此，他认为礼法两者并用于治世，是治世之要津。我们抛开陈廷敬的历史局限性来看待他的言论，的确是从民本思想出发的，在维护大清王朝社会安定的同时，也给老百姓带来了遵纪守法就能安居乐业、家业兴旺的希望。

为父守制

因为父亲的去世，陈廷敬上任刑部尚书两个多月就被迫请假准备回家守制。康熙对他进行了奖励，特授他为光禄大夫，并派内阁学士兼礼部侍郎戴通、内阁学识兼礼部侍郎王尹方到他的府上慰问，并恩赐茶酒。

康熙三十一年（1692年）八月十八日，陈廷敬启程返回家乡，为父亲守制。待他回到阔别已久的老家时，禁不住难掩悲泣，无限思念自己的父亲。

父亲陈昌期临终前，留下《斗筑居铭》作为遗训，他告诉陈氏子孙创业不易，守成更难，陈家目前的大好局面是数代人奋斗的结果，一定要和睦相处，不要内斗，牢记祖训，时时小心。还要防水防火，维护城堡，保全家业。

陈昌期治家严谨，勤俭节用，留下这份家当，上对得起祖先，下对得起后人。即便是乡邻，也念念不忘陈昌期的恩惠。每逢饥年，乡亲们断粮，他总是拿出家谷救灾，"所全活者不可胜计"。

陈氏先祖从河南逃荒到山西，到如今成为显赫一方的大家族，如今父亲过世，陈廷敬作为家族第九代的掌门人，深感责任重大。后来，陈廷敬与他的兄弟们决定为父亲建祠，予以纪念。

康熙三十二年（1693年）十一月，大学士熊赐履为陈昌期撰写了神道碑，让陈昌期的好名声传遍周边数十个县。十二月初四日，陈廷敬合葬父母于樊山百鹤阡。

康熙三十三年（1694年），陈廷敬先是在籍守制，因为西北战事紧急，急需重臣镇守京城，他被康熙夺情起复，起为户部尚书。

陈廷敬慨然祭拜了父母，毅然返回京城，为皇帝分忧，为国家尽力。这一年，他还做了一件大事，那就是重修了《陈氏族谱》，让陈氏家族有了历史厚重感。家谱编成之后，他在后面题了一首《谱牒后书》诗：

　　　侧闻长老训，诸祖称豪贤。

　　　披籍阅往代，叹息良复然。

　　　诚词炳星日，志气薄云天。

　　　处士及吏隐，一一皆可传。

淳休被邑里，声华如蝉联。

缅维卜东庄，始自宣德年。

耕稼三百载，风义桑梓前。

小子耻甘肥，食利忘所先。

惕然从中惧，勖哉以无愆。

早在几年前，陈昌期就告诉陈廷敬，编家谱时不要攀附名人。陈廷敬本来也不想依附名人，这次编家谱也是为了完成父亲未了的心愿。他原原本本地记录了陈氏先祖的来龙去脉，为家族留下了珍贵的史料。

同年，陈氏家族还有一件大事，那就是陈廷敬第二子陈豫朋考中进士，选为庶吉士。陈氏家族开始强势崛起，成为康熙时期最耀眼的家族。

第十一章　学士无双

陈廷敬深得康熙信赖和倚重，君臣二人的理念是那样的契合，他们推行"以民为本""本固邦宁"的治国策略，大清国势蒸蒸日上，中华大地逐渐迎来久违的盛世……

藏富于民

在复任户部尚书的五年中，陈廷敬依然像他从前那样本着利民思想，为民请命，关注民生，同时又根据国家西北平叛的需要，考虑国家根本大计，发展经济，稳定农业生产，政绩显著。关于这一时期的作为，清代史学家姜宸英这样评论陈廷敬："公既莅任，一年，厘剔凤弊，告诫司属，以约束胥吏。举天下会稽之禄，中外出纳之数，绳贯丝联，一一时其盈缩，而次第布之。然其大意无非仰体圣天子恭俭慈惠之德，务以省费节用，藏富于民，而为国家千万年根本之计。……公以老成宽大，再居厥职，天子赖之。十四司拱手受成，庶绩咸理，皆感公之赐而不知所以报矣。"

陈廷敬藏富于民的想法非常值得赞扬，百姓只有富足了，家有存粮了，才能心里不慌，就会珍惜当前的幸福生活。反之，只会让矛盾激化，社会动荡。户部关系国家经济命脉，不可一日不察，陈廷敬的举措受到康熙的极大赞赏。康熙是一位重视民生和大力推行重农恤商政策的皇帝，这和他多年来学习儒家思想是分不开的。康熙和陈廷敬等人总结

明朝灭亡的根本原因是：广大农民没有饭吃，于是他们揭竿而起，逼得崇祯皇帝自缢。明清更替之际，战乱不已，社会动荡，耕地荒芜，水旱频发，食不果腹。所以，康熙需要解决这一亘古难题，那就是解决农民的吃饭问题。为此，就是抓农桑。

陈廷敬出任户部尚书之后，君臣密切配合，积极推行"蠲免赈济"政策。他可是皇帝身边的近臣，工作能力这么强，是和皇帝的"指导"分不开的，所以陈廷敬几乎成了康熙的"救火队长"，哪里需要他就出现在哪里！

康熙以农为本，敬农、重农、悯农、恤农、爱农、务农，采取了许多措施，如停止圈地、奖励垦荒、蠲免田赋、免除丁银、惩治贪官、兴修水利、劝课农桑、赈济灾荒、郊外观稼、奏晴雨折、改良品种、关切丰歉等。康熙在位六十一年间，蠲免税粮、丁银、欠赋达五百四十五次之多，其数量之大，亘古所无。康熙自诩此乃"古今第一仁政"。

陈廷敬任户部尚书的几年，正是朝廷彻底剿灭噶尔丹之际，连年的战事让百姓负担沉重。经过了两次战争，噶尔丹仍顽强地抵抗，于是在1697年康熙大军再次跨过黄河以打击噶尔丹。这一次噶尔丹手下很多将士纷纷投降，噶尔丹陷入了孤身一人的境地，终自杀身亡。平叛噶尔丹后，陈廷敬向康熙进言，原先的赋税政策需要调整，要与民休养生息。康熙欣然接受。

至和之美

康熙三十六年（1697年），西北战事结束后，陈廷敬出于对百姓的体恤，积极推动康熙减轻百姓负担，让百姓家有余粮。为此，康熙多次下旨蠲免山东、河南、安徽、江苏、浙江等省的钱粮。这些蠲免自然需要户部具体操作施行，陈廷敬任劳任怨，积极落实这些"弘恤民隐"的福利，不仅表示"诚欢诚忭"，而且每当接到康熙的上谕，他都十分愉悦地去督促执行，生怕落实晚了，耽误了百姓的生活，辜负了皇帝的信任。以礼治世，至和之美。关于康熙蠲免钱粮的爱民之举，他还特意写诗讴歌，在《南巡诗歌序》中，陈廷敬就对此事用了很多笔墨来赞美。

　　康熙在位期间，蠲免税赋数量之多为历史上所罕见。康熙四十八年前免除百姓钱粮总计一亿五千多万两。康熙五十年至五十二年，三年间在全国十九省分批通免全部地丁钱粮及旧欠，计三千二百多万两。正是在这种节省民力、藏富于民的政策推动之下，康熙王朝中期以后社会经济出现了空前的繁荣，迎来了中国封建社会历史上第三个鼎盛时期——康乾盛世的到来。

　　节省下来的财力，主要被用于出师、治河、赈灾和税赋蠲免之上，其中税赋蠲免尤为康熙帝所重视。康熙曾说道，由于倡行节俭，方能"以历年节省之储蓄，为濒岁涣解之恩膏。朕之益蠲屡行，而无国计不足之虑，亦特此经筹之有素也。"由此可见，康熙对陈廷敬重用，很多原因源于两个人在治国理念上，都是从"以民为本，本固邦宁"的儒家思想出发的，这也是陈廷敬复出后重新在工部、刑部、户部得以重用的原因之一。

　　不仅如此，六十三岁的陈廷敬还因为出色的工作能力，于康熙三十九年（1700年）第二次出任吏部尚书，历时近四年。不过有一个现象很奇怪，就是很难找到他在二次复出吏部尚书期间的专折奏疏以及政论。探究其中的原因，可能是这个事情的陈廷敬同时还在内廷值班，南书房的事务比较繁琐，没有精力兼顾吏部工作。既然没有调查，他就不发表指导意见，以免影响到下属具体的工作。不搞瞎指挥，放权下属，这是陈廷敬一个鲜明的特色，他所带领的吏部丝毫不受影响，业绩蒸蒸日上。

　　还有一个因素也许可以解释陈廷敬的低调，陈廷敬此时一直忙于修书，他被康熙任命为纂修《明史》的总裁之一并具体撰写该书的《本纪》。另外，他还担任为康熙树碑立传的《平定朔漠方略》的总裁。《平定朔漠方略》记载了康熙三次亲征噶尔丹并取得辉煌胜利的伟大功业，这是一个政治任务，也是陈廷敬的荣誉，还有什么比纂修这本书更重要的呢？陈廷敬自然尽心尽力去完成这本书的撰写，同时，还不断地写诗，以类似于我们现在发表"微博"或者朋友圈以图文的方式赞美康熙。

康熙四十一年（1702 年），陈廷敬仍为经筵讲官、吏部尚书，专修《明史》及《亲征朔漠方略》总裁官，并任南书房侍值总督。因为他的诗写得好，被称为"当代苏轼"。康熙赐给他"点翰堂"额，又赐"清立堂"额，"博文约礼"四个大字。

处世之道

康熙四十一年 (1702 年)，康熙南巡到德州，皇太子胤礽得病，康熙召索额图至德州侍疾，也就是照顾太子。

当明珠倒台后，索额图不仅不知道收手，反而更加飞扬跋扈。作为"太子党"的首领，他早就开始利用各种机会提升胤礽的地位，树立太子的权威。在制定太子仪制的时候，他授意太子的衣物一律使用黄色，将其规格几乎抬高到和康熙不相上下。众臣子无不诧异，但是康熙依旧溺爱太子，默许了太子的越礼。

这一次，索额图奉命照料太子，他迫不及待地南下德州，旁若无人地乘马直至太子住所中门。周围的人感到惊恐不已，根据皇家律例此举乃是大不敬的死罪，太子却不加责怪。在德州一月有余，胤礽与索额图朝夕相处，亲密无间。留居月余，皇太子病愈，一起回北京。索额图行事如此桀骜，终于激怒康熙。

后来康熙逐渐对太子行事不满，又传出有一些人想要太子尽早接班，也就是逼康熙退位。康熙这才清醒，痛骂了胤礽，杀了他身边的一些人。

索额图也被牵连在内，最终以"议论国事，结党妄行"之罪被革职查办，被以最快的速度押至宗人府听审，最后饿死在宗人府。康熙又下令逮捕索额图诸子，交其弟弟心裕、法保拘禁，并命："若别生事端，心裕、法保当族诛！"大臣麻尔图、额库礼、温代、邵甘、佟宝等，也以党附索额图之罪，被禁锢，"诸臣同祖子孙在部院者，皆夺官。江潢以家有索额图私书，下刑部论死。"就是说，只要与索额图稍有牵连者，都受到诛连。

索额图的倒台，陈廷敬有没有出力，据现有资料无法查证。相信陈廷敬也不满索额图怂恿太子忤逆的行为，以他的性格必定会为固国本而努力。那么，他对索额图注定是除之而后快的。

康熙对太子胤礽的呵护无微不至，甚至达到了溺爱的程度，胤礽最后变成一个戾气极重的人，作为一位父亲，康熙做得很失败。

反观陈廷敬，他教育孩子就很成功。陈廷敬是一个非常称职的父亲，他虽然在京城为官，依旧留意在老家成长的孩子们，在他写给家人的书信和诗里，可以看到他表现出来的极深的父爱。如他的《题家书后》云："杨柳红亭路，青青又放春。远游思弟妹，薄禄谢交亲。客里南来雁，愁边北去人。梅花窗下月，二十五回新。"这封家书溢满了亲人之间的关爱，令人非常感动。

除了关爱，陈廷敬更教育他的孩子们如何做人、做官。他以身作则，廉洁奉公，不取一文。这个准则深深地影响到了他的孩子们。清朝的陈康祺在《郎潜纪闻四笔》中记述陈廷敬的事迹："故事：国子监生入监，谒见祭酒下官，例有赞。泽州陈文贞（文贞，陈廷敬的谥号）公官司业时，正身董教，凡诸生以赞献者，悉屏去之。公官少宰，奉命督户部钱法，向有进呈样钱之陋习，公亦毅然裁革。两为大司农，处脂不染，清操肃然。调长吏部，厘剔铨政，宿弊悉除，夤缘者不得进。有藩司某，持千金为寿，愿一见执弟子礼，守公寓旁佛庐数日，忽暮夜乘间入，长跪哀请。公大怒，叱去之。后数日，其人以不法被斥。……"又说："清廉虽不足以尽公，而略举数端，已足媲美杨震、邓攸无惭色矣。"这段记载中，列举陈廷敬为官清廉的事迹，并且认为他完全可以和古代清官的典范杨震、邓攸媲美，可见其当时清廉之一斑。

陈廷敬的这些廉洁行为都对孩子们产生了深远的影响，他经常向家人们回忆他的母亲张氏为他治理行装，告诉他的话："汝往哉！吾为汝娶妇嫁女，治装具给资斧焉，慎毋爱官家一钱。"又提起他父亲陈昌期说的"汝清品正尔难得"的话，每想到父母的教诲，他辄往往失声痛哭。这更让他的晚年随时检点自己一生，清廉自守，果不负父母期望。他写诗道："不负当年过庭语，先公曾许是清官。"

陈廷敬在清廉吏治方面，特别注意以身作则，他的清廉作风，在康熙时期是有口皆碑的。他不仅国事处理的井然有序，家事也被处理的很妥当。他不仅自己洁身自好，而且特别注重教育家人后辈保持清廉之风。他的弟弟陈廷弼出任临湘知县，他写诗嘱咐曰："宦途怜小弟，慎莫爱轻肥。"要其保持俭朴的作风。他还常教导三儿子壮履说："更得一言牢记取，养心寡欲是良规。"也是要儿子清心寡欲，克己自守。

康熙四十一年（1702年），他觉得自己年纪大了，三个儿子也都各自成家立业了，他需要提前交代一下家产之事，便把家中财产和土地给他们分了，基本做到了公平，具体情况如下：

陈谦吉：郭峪并各庄共房四百一十三间，共地六百七十九亩五分，共羊一千一百只。

陈豫朋：郭峪并各庄共房四百三十九间，共地六百三十一亩，共羊一千只。

陈壮履：郭峪并各庄共房四百三十三间，共地六百五十四亩，共羊一千只。

从这个分配财产的情况看，陈廷敬的三个儿子所分得财产几乎一样。房多的，土地就少一点；房少的，土地就多一些。换算一下，都不吃亏。他这样做，每个儿子都挑不出毛病，心里也都平衡，兄弟关系也不会出现裂痕。从这里我们也可以看出，陈氏家族还是富甲一方的，否则哪里会有这么多的家产和那么壮观的皇城相府。

陈廷敬位高权重，收入并不低，不过他虽然官至宰辅，但他个人的生活却非常清贫，常常吟诵唐代文学家陆龟蒙的"忍饥诵书，率常半饱"诗句，并身体力行，因此他也被人称为"半饱居士"。他生活俭朴，菜根度日多为常事，他曾在诗中描写了其吃菜根的生活："残杯冷炙易酸辛，多少京华旅食人。索莫一冬差有味，菜根占得菜花春。"再如："为客多时断五辛，山家计日望归人。黄斋瓮莫轻抛却，中有年年不老春。"描写的也是他清贫生活的样子。

陈廷敬之语并非虚言，他在京为官五十余年，整理行囊，并无长物，在京的"府邸"只有老屋数间，还准备归老时变卖。他致仕后方有闲情外出郊游，但贵为当朝一品，出门竟无车坐，还要向同朝官员王方若借车。

也许陈廷敬的钱都寄回了老家，置办房子，购买土地了，这无可厚非，在那个时代，房子和土地是所有人的命根子，他自然也不例外。他一生都生活清贫，也许正是这种朴素的生活理念让他远离贪污受贿，知足常乐，这也许就是他的处世之道吧！

掌钧国政

康熙四十二年（1703 年）四月，康熙颁下口谕："吏部尚书陈廷敬为文渊阁大学士兼吏部尚书"。十六年之后，六十六岁的陈廷敬再次主持吏部工作。

这一年，康熙五十岁。陈廷敬上《恭进圣德万寿诗表》《圣德万寿诗》以示恭敬之情。不经意间，君臣都步入老年，两人的执政经验更加老道。康熙越来越离不开陈廷敬，多次派他祭孔。祭孔历来是由学识渊博又有威望的大臣担任，可见陈廷敬在朝中的威望之高。陈廷敬自感责任重大，晋升文渊阁大学士之后，更加地忘我工作。

前文曾提及，清朝从康熙九年（1670 年）开始又将内三院改为内阁，实质上这是康熙加强皇权的一个手段，目的是和议政王大臣会议争夺权力。从这时起，许多本应走流程的事务直接越过各个机构，递到康熙的手里，由皇帝批示，这就导致一个结果——诸多机构权力的受限或者被架空。从康熙起，内阁始终是清朝"赞理机务，表率有僚"的机构，它总揽一切政务，也是高于中央所有部院的中枢机构。

清朝内阁中，设立大学士、协办大学士、学士、侍读学士，分掌各职。在大学士、协办大学士下内设典籍厅、满本房、汉本房、满票签处、汉票签处等十数个机构，分别办理各项具体事务。另外，大学士的名称前要改加殿、阁衔，以示身份高低差别。

殿阁大学士，康熙时设中和殿、保和殿、文华殿、武英殿、文渊阁和东阁六个等级；后来变成保和殿、文华殿、武英殿、文渊阁、东阁、

体仁阁。大学士分别兼各部尚书。大学士的品位极高，地位优崇。大学士的迁转也大多按从体仁阁至文华殿这样的顺序迁转。当然并不一定要从体仁阁开始作为起步。关于大学士的称呼，"内阁中称大学士为中堂。中堂之称，前代已有之，……然见于文字，则曰某揆某相。俗称或阁老，或太师。"一般习惯，称大学士为相国、中堂者居多。可是，相国只能私下里称呼，不能公开称谓。明太祖朱元璋费尽心机，裁撤了丞相这个一人之下万人之上的职务，将丞相这个名称永远封在历史典籍里了。清朝沿袭明朝，也没设丞相这个职务，其原因就是担心相权过大会反噬皇权。这也是陈廷敬在康熙面前称明珠为"明相国"时，康熙震怒的原因了。

陈廷敬成为文渊阁大学士之后，和他以前的工作有什么不同吗？据《清史稿》记载，大学士的职掌主要是："掌钧国政，赞诏命，厘宪典，议大礼、大政，裁酌可否入告。"可以说陈廷敬的责任比以前更大了，他和皇帝一起承担着出台国家决策的使命，由于大学士"勋高位极"，故"其品列皆文班之首"。所以，陈廷敬升任文渊阁大学士之后，其地位也就达到了清朝文官的顶端，虽然还不是最高级的大学士。大学士的地位虽然高于各部尚书，官品却仍与尚书相同，是极为难得的荣誉。然而，由于康熙的信任和倚重，陈廷敬升任大学士后还有许多不同之处。

首先，肩负国家重任的陈廷敬依然担负着经筵讲官的工作，按说他不应该再兼任这份稍稍"低级"的"教师"工作了。实际上，这是康熙对陈廷敬形成的一种依赖，"……阁臣不进讲经筵，而上仍以命公。"据云贵总督吴振棫在其《养吉斋丛录》中记载："……自徐公元文、熊公赐履、张公英相继以尚书擢大学士仍与兼充，后遂沿为成例。"徐元文、熊赐履和张英都在陈廷敬之前任过大学士，都是康熙所信任的近臣。这些人的特点：一是学识渊博，在尊孔读经上对康熙的影响较大；二是与康熙的关系密切。毫无疑问，陈廷敬当然也是具备这些特点的人，他被兼充经筵，说明康熙在学问上对他是尊重的，在政治上对他是信任的。陈廷敬作《经筵纪事诗》，其中写道："牙签一卷几回开，近日新纶忝窃陪；好与词林传故事，白头丹地讲书来。"其中自注："经筵自昔屡命臣进讲，及拜内阁仍兼经筵讲官。"

其次，从康熙四十二年（1703 年）四月陈廷敬任大学士起，到陈廷敬逝世的康熙五十一年（1712 年）四月期间，前后同陈廷敬一起担任大学士的官员很多，满族人有马齐、席哈纳、温达，汉族人有吴琠、张玉书、李光地和萧永藻等，但是其中同时又入值南书房的仅有陈廷敬一个人。这就充分显示出陈廷敬在内阁中的地位是独一无二的。

正如当时翰林院的翰林、著名诗人汪懋麟所说：陈廷敬"生平所历，呜呼盛矣！天子优渥异数，每赐御宴、珍味、宫貂、羔羊、白金、文绮以赐"。关于其中提到的赐御宴，据陈廷敬自己记载，康熙四十三年正月十五日，"上命撤御宴赐臣廷敬"及全家，并在他的诗注中写道："是日撤御馔赐臣，且命膳人谓臣……重热与食。圣恩至矣！"康熙摆御宴宴请大臣是常有的事情，陈廷敬也多次参加过这样的御宴，但把成桌的御宴赐给一位大臣及其全家，则是很少见的。康熙对陈廷敬关照之备至由此可见一斑。

国之栋梁

陈廷敬不仅学识过人，而且还是个实干家，是个多面手，所以被康熙倚重，君臣关系非常融洽。他曾对康熙大谈君臣之道，说："上有尧、舜之君，下有皋陶、稷、契之臣，明良喜起，都俞吁沸于一堂之上。后世如唐之太宗，致治几于三代之隆，必有魏征、房、杜之为其臣，故能成贞观极盛之治。此谓君臣道合，一德交浮也。"

通过这样的沟通，康熙自然要做盖世明君，所以让臣子尽情发表言论，包括大学士们处理国政时都可以畅所欲言。

"大学士军国大事无所不统。其实，每日所治事则阅本也。"陈廷敬在内阁的主要工作之一就是审阅各部院和内外文武大臣向皇帝上的奏本，也就是提前过个筛子，先拿出个预案。

皇帝日理万机，怎么会有那么多的时间逐一审阅大臣的奏折呢？这就需要陈廷敬等大学士们代劳了。内外大臣们向皇帝所上的奏本每天

都有，康熙的时间有限，并不逐一阅看，而是先由内阁进行"票拟"，即"票签"，也叫作票旨、条旨。也就是说，对于来自全国各地的奏章，在送呈皇帝批示以前，由内阁学士"用小票墨书"，即把批阅建议写在纸上并贴在各奏疏的对面上以进呈。这实际上就是代拟好"御批"的稿本，也就是预案，供皇帝采纳。"各衙门章奏留送阁下票旨，事权所在，其势不得不重。"但是，内阁的"票拟"终究不过是给皇帝提供参考的初步意见，最后的拍板定案仍取决于皇帝的御批（当时叫作"朱批"）。内阁权力的有无及大小，内阁实际地位的高低，也主要表现在所拟"票拟"被采纳的程度上。

康熙会根据"票拟"做出肯定或另作其他决定的事情，即予以"朱批"，然后由内阁下达执行。皇帝不同意也不否定的"票签"，这表明他本人也拿不定主意，便退回内阁，称为"折本"。对于"折本"，还需要大学士于皇帝御门听政时再捧"折本"向皇帝请旨，皇帝在认真思考或者征求了其他大学士和大臣们的意见后，再做出决定。有时候君臣要反复地讨论很多次，才能就某一问题的解决方案达成共识。例如，康熙四十五年（1706 年）正月二十三日，"大学士马齐、席哈纳、张玉书、陈廷敬、李光地……以折本请旨：吏部为提督顺天学政、翰林院侍讲扬名时差满，……议应回翰林院办事。"对于这样必须及时处理的折本，康熙通常都是现场办公，和众大臣商议一下，最后形成结论，再下令让相关人等办理。

从这个事例中可以看到，陈廷敬是要参与到决策中来的，类似这样的有关政治、军事、经济、文化以及人事任免等方面具体事情的奏折，数量是很大的。在他值班的时候，每件奏折都需要他先行阅读和拟定"票签"。经皇帝退回的"票签"需要他再以折本请旨，经皇帝朱批的要办理的，还需要内阁下发。他除了在内阁审拟"票拟"、参加折本请旨和接受皇帝随时召见之外，还必须到南书房入值。在南书房，他除看密折、受皇帝咨询之外，还要纂写、审查各类书稿。因此，他的日常工作是非常忙碌和紧张的，身体也是非常劳累的。

陈廷敬自言："人臣尽忠事主，岂得以希荣干宠为心？人君以礼使臣，固必有报德酬功之典。"

康熙是一个心胸开阔的皇帝，对臣子很宽容，对其兄弟和近亲也很友善。臣子用心，皇帝英明，大清开始进入全盛时期，这与他们君臣共同倡导"仁政""王道"是分不开的。康熙每日"御门听政"，而且始终坚持，对于一个皇帝而言是非常不易的。在施政中，他"以实政为务"，向来不潦草从事，一切事注重"躬行"。

这显然与诸多像陈廷敬这样的儒家名臣对康熙的影响有直接关系。康熙之所以懂得"政治之本在宽仁"，这显然是和儒家文化的熏陶分不开的。正如康熙所讲："古之帝王以宽得之多矣，未闻以宽失也。"

扈从南巡

陈廷敬大概就是在这个阶段因为工作量的加大导致身体健康出现问题的。从康熙四十二年（1703年）任大学士开始，到康熙五十一年（1712年）逝世，他几乎天天如此，年年如此，只有在除夕夜才能彻底放松，即便康熙出巡或外出度暑，他也很难有休息的时间。在他任大学士期间，康熙曾分别于康熙四十二年十月、四十四年二月、四十六年正月三次出巡，除第一次陈廷敬留守京城外，后两次陈廷敬都扈从伴驾。

这两次扈从出巡江南，陈廷敬分别是六十八岁和七十岁。从陈廷敬的诗集和文章中可以知晓他很喜爱江南的风土人情，能够跟随康熙出行，他深感荣幸，发出"江南有梦竟成真"的感慨。

一路行来，陈廷敬陪着康熙，从京城至济南府，观珍珠泉、趵突泉、题字作诗。登泰山，驻泰安州。巡视期间，康熙要和在朝内一样，每天照例处理政务。扈从的大学士们也和在北京一样，照例要议事，照例要对国家发生的大小事情提出自己的意见。康熙沿途察看河工、农田播种情况，风土人情，遇到棘手问题等，陈廷敬和其他大学士也要参与处理。所以说，南巡扈从一点都不轻松。

康熙御驾穿山东，进江苏，行驻扬州府，登舟渡江，之后过镇江，经常州、苏州。陈廷敬的心情并不轻松，他沿途看到了百姓生活之苦，

便信手写成诗："唯歌生民病，愿得天子知。"他希望康熙读了这些诗之后会采取相应的措施，实行善政。

在《长水道中重题沧波亭怀宋牧仲中丞》一诗中，陈廷敬感情压抑，难掩悲愤之情。他在诗中借"野老"之口说："又言我苏州，正赋天下冠。赋外曰火耗，似是冶与锻。不知始何年，长吏恣垄断。始初输一金，四三分兼间。后来至七八，实重吴人患。"

"火耗"，原指碎银熔化重铸为银锭时的折耗。大清子民交赋税的时候，一律要征银上交国库，百姓手里的都是碎银子，官方要把百姓交的碎银熔化重铸为上交的银锭，于是就有了火耗。这个火耗就有空子可钻，多收的差额就归官员了。一般州县的火耗，每两达二三钱，甚至四五钱。偏僻的州县赋税少，火耗数倍于正赋。

陈廷敬通过这首诗揭露了火耗制度对百姓的盘剥和官吏贪污的可恶。加派火耗不仅使贪污行为变得厚颜无耻，而且还理直气壮。为此他向康熙进言："通饬督抚凡保荐府、州、县官，必确察其无加派火耗，无黩货词讼……如保荐不实，严加处分。"实际上，陈廷敬的目的就是要避免带病提拔官员，查一查这些官员是否加派火耗就能知道他们的品德如何。他的反腐注意力不仅放在朝廷大员上，连基层干部也不放过。

于是，康熙下令："通饬督抚嗣后保举开列实迹，以无加派火耗等事为第一条。"能通过一首诗让康熙重视火耗的事，可见陈廷敬反映问题的巧妙。

陈廷敬的诗生动真实地反映了当时的社会状况和百姓的艰苦生活。这说明尽管康熙的各项利民政策改善了社会经济的不景气、百姓生活的困窘，但是百姓的痛苦并没有减轻多少。陈廷敬对社会的关注以及对百姓的同情，让我们看到了他心系国事、民生的高尚情操。

尽管心中有不快，南巡御驾还是一路前行，他们途径嘉兴，终于来到了美丽的杭州。一路走来，江南处处都是文化名城，每一处景观都引发陈廷敬儿时从书籍和伯父陈昌言那得到的江南印象。也许这是康熙赐予他的一个福利吧！

陈廷敬确实很兴奋，他一路行来做了很多诗，诗的风格也变得清新脱俗、婉约唯美，和他先前描写民生和社会状况的诗风完全迥异。

比如，在《云间竹枝五首》组诗中，他这样写道：

> 江城流水逐门开，水上残红映碧苔。
>
> 试问柳塘深几许？儿童相报早潮来。

流水、残红、柳塘，在陈廷敬看来，这些都是南方旖旎风光的标志性景观。这位生长在山西的内陆人第一次看到处处水塘、沟渠、湖泊，真的是陶醉于其中。其中还有一个因素，那就是他的伯父陈昌言曾经在江南任职，无论是书信还是捎带江南特产等，都让陈廷敬对江南心生向往。

在杭州，康熙特意给陈廷敬放了一天假，还允许他尽情游览西湖。康熙"诏（廷敬）至湖上，命出观一日"。且云："廷敬老臣，遇宫眷车不须避路。"对这样的关照，后人曾有过"洵承平盛事也"的赞语。

陈廷敬酣畅淋漓地畅游了西湖，对苏东坡留下的苏堤以及其他文化遗迹赞不绝口。时值早春，春风吹拂，苏堤便犹如一位翩翩而来的报春使者，杨柳夹岸，艳桃灼灼。堤上垂柳初绿、桃花盛开之时，绿柳如烟、红桃如雾，红翠间错，灿烂如锦。

陈廷敬按捺不住激动的心情，写下了《西湖八首》以抒发情感，其一云：

> 不愁平展涟漪水，最爱斜堆断续山。
>
> 谁识天公才思好，留将诗画与人间。

在陈廷敬的记忆里，最动心的莫过于在诗词歌赋里知晓的西湖晨曦初露时，湖波如镜，桥影照水，鸟语啁啾，柳丝舒卷飘忽，桃花笑脸相迎；月沉西山之时，轻风徐徐吹来，无限柔情。陈廷敬写诗尊崇苏东坡，所以这首诗自然有其神采，将西湖新柳如烟，春风骀荡，好鸟和鸣，意境动人的风景描绘的恰到好处。

在陈廷敬另一首《蒋山》诗中，他这样写道：

蒋山行处是，碧玉削芙蓉。

一别清溪曲，云岚隔几重。

风林前浦笛，烟寺远江钟。

似有神灵语，他年访旧踪。

江南的山清水秀，让陈廷敬似乎感受到神灵的庇佑，更似寻找到灵魂深处的记忆。这让他诗兴大发，江南寻常的河道、池塘、湖泊、水鸟、乌篷船、水牛、寺庙等都在他的笔下活灵活现。在《瓜布道中》诗中，他写道：

渚村维画舫，步屟入烟萝。

水牸风眠柳，江鱼雨戏荷。

笛声浮翠落，帆影拂云过。

归去淮南路，青山隔岸多。

陈廷敬用精湛而准确的文字描绘出江南水乡的特点，也捎带着表达了扈从康熙南巡的自豪和喜悦之情。

第二次扈从南巡，陈廷敬已经年满七十岁，身体健康大不如从前，不过他的治国理论和经验也到了炉火纯青的程度，成为康熙须臾不可离开的重臣。康熙似乎也很享受带给臣子们的这种旅游福利，不过这个福利可并不轻松。陈廷敬必须如在京城一般处理政务，因为他还任职南书房，所以南巡期间丝毫不敢懈怠。另外，陈廷敬还担负着诸多撰写任务，必须随时审稿，因此，他时刻不敢得意，反而谨小慎微，生怕误了大事。在他《即事自慰》一诗中，流露出对人生的感悟，对自己多年来兢兢业业工作的心得，也颇有年迈、萌生退隐之意：

悟得浮云万事轻，洒窗风雪梦还惊。

生生誓断人间想，日日闲禁客里情。

纵是海山归有路，须知天地始无名。

午亭多少沧浪水，且傍清流一濯缨。

陈廷敬还说"尺有所短寸有长，我宁与世争毫芒？"又说"诗未因官减，名须与世传""后五百年外，当为知者怜"。这些诗句都是他的真实想法。对于陈廷敬的新诗，康熙都会拜读，他自然知晓陈廷敬的想法，可是他不会让其告老还乡。

康熙已经年过半百，身后事均需提上日程，可是太子胤礽却让他不放心。胤礽多次残酷粗暴地对待大臣及侍卫，收受贿赂，豢养奴才和歌女，把好端端的太子府弄得乌烟瘴气。康熙毫不留情地杀了太子身边几个铁杆统兵将领。可是，太子依旧不知悔改。此时，想要趁机夺嫡的皇子大有人在，康熙更加显得力不从心，此时他无比需要忠心耿耿的陈廷敬在身边效力，岂会让他辞官归里？

第十二章　无上殊荣

　　陈廷敬年岁已高，不愿久居高位，更不想让人误以为他贪恋权力，数次乞归，康熙均予以拒绝。两人近五十年的亲密合作，康熙不仅须臾离不开他的辅佐，大清朝也不能缺少这位德高望重的旷世名臣……

老骥伏枥

　　陈廷敬在文渊阁大学士的位置上一干就是九年，在此期间，他除了纂修《明史》《平定朔漠方略》《太宗文皇帝实录》等重要书目之外，还任《玉牒》副总裁官等职。

　　陈廷敬一生共参与编纂各类书籍十多种，他编纂的《明史》已经成为国学宝库中的重要文献，关于《太宗文皇帝实录》和《世祖章皇帝实录》等书已经成为研究清史必不可少的史料，对中华文化的继承和发扬做出了重大贡献，也奠定了他在清初学术史上的地位。

　　《玉牒》是清朝皇族的族谱，分满、汉两种文本，自顺治十三年（1656年）题准，每十年编续一次。《玉牒》记载了顺治其下的子孙名谱，其中有婚嫁、生育、继嗣、封爵、授职、升迁、降革及死亡，大体以帝系为统，长幼为序，男女各按宗支、房次等进行排列。清朝皇族按血缘远近分为本支"宗室"（俗称"黄带子"）和旁支"觉罗"（俗称"红带子"）。当时规定，凡皇帝家族生儿育女，每3个月上报掌管皇族事务的宗人府一次。《玉牒》每隔10年修纂一次，活着的人用红笔书写，故去的人用墨笔书写，遇到名字重复的情况，位卑者或年幼者要更改名字。《玉牒》记录了清朝历代皇族人口及宗法谱系，在清朝皇族人口研究及中国宗谱研究等方面都具有宝贵价值。修纂《玉牒》，这是康熙对陈廷敬最大的信任。

康熙四十六年（1707年），陈廷敬年满七十岁，此时的他儿孙满堂，早就到了退休的年龄了。他自感精力大不如从前，眼睛也花了，耳朵也不大好用，体力也跟不上了。他担心应付不了工作了，辜负了康熙的信任，便诚心请辞。

陈廷敬发出"已甘人面冷，何苦世情浓。咫尺青山路，烟花隔几重"，期待早日返乡。可是康熙依旧让他留任，几次上折子都被退回。康熙对众大臣说："朕八岁登基，那个时候陈廷敬只有二十四岁，风华正茂，才气过人。而今朕已五十有四了，陈廷敬已是七旬老人，这么多年过去了，朕回头一想，竟找不出陈廷敬的过错！朕对陈廷敬的评价是八个字：宽大老成，几近完人！"

康熙是一代明君，他继位之际，大清建立刚刚三十多年。亲政之后，他智除鳌拜，接着削"三藩"、平定西疆叛乱、收复台湾、北击沙俄，可谓宏图大展。在南书房行走的那些文韬武略的天之骄子们个个好生了得：索额图、明珠、徐乾学、高士奇，哪一个不是权倾朝野，雄才大略？可他们或弄权、或贪墨，或欺君，一个个前功尽失，不得善终。唯有陈廷敬，出淤泥而不染，据重权而不贪，全身而退，实在令人敬佩。

陈廷敬一直很谦虚，从来不因为资历高而摆架子。他是一位睿智的老人，在替康熙分忧的同时，恬淡地生活着，穿着朴素，饮食简单，出入仅乘两人小轿。在他的内心，异常渴望早日回到家乡，既可以陪伴逝去的父母，还可以享受诸多孙子、孙女绕膝的天伦之乐。

在他的《浣溪沙》其四词中，他描绘了想象中的归隐之乐："草屋三间不用多，柴门红叶挂青蓑。牧儿吹笛老夫歌。六印饶他霜鬓满，一杯容我醉颜酡。神仙富贵两如何。"

又如，他在《朝中措》其一中，更是直白地表露出对归隐的渴望：

"野堂残颗啄山鸦，林际一人家。荒草断碑孤垅，夕阳古道三叉。贤愚莫问，庄前疏柳，门外秋瓜。牧笛数声牛背，倒骑稳跨平沙。"

陈廷敬的词清醇典雅，雍容大度，像这样的词，陈廷敬还创作了很多，比如，《临江仙》其二、《清平乐》、《如梦令》其一、《蕙兰芳引》、《桂枝香》等。这些词的所表现出来的情感带有一种淡淡的感伤，读来让人感慨。

同年十一月二十七日，陈廷敬七十岁寿辰，来的宾客很多。朝中大臣、六部官员、门生弟子以及亲朋好友纷纷向他祝寿。大学士张玉书亲自写了祝寿诗，文渊阁大学士李光地、工部尚书王鸿绪等朝廷要员也纷纷写诗祝寿。陈廷敬满脸笑容地招呼众人饮酒，实际上他却听不大清楚别人说的话。他的听力下降的很快，有时候不得不借助笔墨与人沟通。

回想自己这一生，陈廷敬应该是无憾了。他向康熙乞归，上曰："机务重地，良难其人，不必求去。"依旧让他留在南书房。陈廷敬一再请归，康熙也知道他身体健康大不如从前，还是舍不得让他走，原因就是对他太倚重了，须臾离不开。陈廷敬只好在康熙身边继续工作，时光过得很快，三年又匆匆而过。

极齐全底

康熙四十九年（1709 年）初，康熙把编纂《康熙字典》的任务交给了陈廷敬和张玉书负责，两人均任总裁官。

陈、张二人领命之后，组织了内阁学士、翰林院学士、侍讲学士、侍读学士以及侍读、编修等二十八人，终日编纂，他儿子陈壮履也选入其中。不过，张玉书一年后因病而亡，编纂任务就全部由七十三岁的陈廷敬负责了。

《康熙字典》是一部大型字书，这是一件惠及子孙后代的事情，千斤重担落在陈廷敬一人身上。汉字浩如烟海，编修字书是一项神圣而又十分浩大的工程。为了尽快完成任务，陈廷敬不顾年老体弱，一头扎进去，每天不离书局，手不离纸笔，一丝不苟，废寝忘食地工作着。

他对儿子陈壮履说："人生在世，总要给后人留下点东西，修书立著就是很好的礼物，你年纪轻轻，以后路还很长，应当有所建树。"父子俩人常常对坐青灯，儿书父批，夜以继日，通宵达旦。父子同室修书，在宫中传为美谈。

字典采用部首分类法，按笔画排列单字，字典全书分为十二集，以十二地支标识，每集又分为上、中、下三卷，并按韵母、声调以及音节分类排列韵母表及其对应汉字，共收录汉字四万七千零三十五个，为汉字研究的主要参考文献之一。作为本书的主编，陈廷敬最后没能完成这本旷世巨作，但是这丝毫不影响他所付出的努力。该书历时六年，成书于康熙五十五年（1716 年），康熙称赞这部书"善兼具美"，即以自己的年号亲笔题写了书名，即《康熙字典》。

康熙四十九年（1710 年）十一月，陈廷敬第四次提出请辞，康熙也不忍他老死于京城，也动了让他叶落归根的想法，便只好批准了他辞官的请求。

康熙这一次又称赞陈廷敬是"老大人""极齐全底人"。康熙称他为"老大人"，是因为他年事已高，又是德高望重，是对他的尊重；称他为"全人"，是称赞他品德高尚、学问渊博、稳重勤劳、慎守无过。这无疑是康熙对陈廷敬多年治学和为官、为人的总评价。对此，陈廷敬写《苑中谢恩蒙谕卿是老大人，是极齐全底人，臣感激恭纪二首》，其第一首云："敕旨已褒因旧学，口宣更许是全人。帝思风励先多士，天与恩光及老臣。弱本似蓬宁自直，清非如水敢言贫。平生自守冰渊志，一语阳和鉴苦辛。"这首诗抒发的感恩戴德之情，完全是出自真诚。

史料记载，陈廷敬于"庚寅十一月，力请谢事。奉旨，卿才品优长，文学素裕，久侍讲幄，积有勤劳。自简任机务以来，格慎益著，倚毗方殷，览奏以衰老岂罢，情词恳切，著以原官致仕。"康熙回顾了陈廷敬的工作历程，让他以高级别的职位退休，保留大学士之名，这是一种恩赐。与此同时，康熙还下旨说，陈廷敬还有许多未做完的工作，都是十分艰巨的，别人无法代替，希望他退休后不要急着回老家，帮着朝廷把这些未尽事宜收收尾再返乡。

这些未完成的活主要就是"修书未毕"，陈廷敬虽然不用到南书房轮值了，但是他还坚持每日去《康熙字典》编馆审稿。这期间，康熙经常有些急切要办的事情找他商议，他还要去南书房等候召见。

鞠躬尽瘁

康熙五十年（1710年），大学士张玉书在扈从康熙巡视热河途中病逝，康熙顿时觉得身边的人手不够用，他不得不再次起用陈廷敬，"命暂入内阁办事。"事后，吏部题请补授，"得旨，张玉书病未久，比本著暂收贮。其大学士员缺，俟回銮再奏。大学士李光地现在患病，原任大学士陈廷敬，系年老告休，令暂到衙门，办理事务。"

陈廷敬这个人不恋权力，不想被别人说他年老贪权，留恋官位，借着听力不好的缘故得以退休，保的一个好名声，有个善终，对子孙后代也是好事。当他真的退休了又不能离开京城的时候，他也理解皇帝的苦衷。当皇帝命他再次入内阁的时候，他更能体会到内阁缺人的窘状，所以毫不犹豫地就去上班了。

康熙握着陈廷敬的手久久不放，对这位老臣表示感谢。已经因年老而休致的大臣再次入阁，这种情况是很少见的，这说明了陈廷敬确是康熙晚年最为倚重的元老重臣，说明康熙在政治上对陈廷敬这位德高望重的老臣有强烈的依赖心理。

陈廷敬近五十年的官场磨砺，早已看淡功名、荣辱不惊了。他说"功名底用缘时会，诗酒从教见性真。"重返内阁，吏部又发了文，陈廷敬是名正言顺的内阁大学士。不过，他十分注意自己的身份，既然已经是退过休的人了，回来只是帮忙的，所以他在发公文的时候，都在自己的名字前加上"予告"二字。

这两个字是有讲究的，"予告"一词起源于汉代，当时官吏致仕有"赐告""予告"的区别。后代的大臣们年老致仕一般都用"予告"，形成惯例。据记载："辛卯六月，张文贞玉书薨，命陈复起视事，凡内阁章疏，列名必书'予告'二字。"陈廷敬在署名时加上这两个字，是在告诉众人他是一个"退休返聘"的人。

教子有方

不仅如此，陈廷敬还教导他的儿子陈壮履不要看重功名利禄，而是要做个清官，保持陈家清廉的节操。此时的陈壮履已在内阁任供奉一职，每当他出现过失，陈廷敬就会"具折奏请处分"，并教训陈壮履"得失知何定，艰危睹未萌。前非应痛悔，后患免怔营"。不但严于律己，还教育他的儿子如何做官、做人。

陈壮履任翰林院侍读学士期间，奉差在外，因为骚扰地方，被人举报，结果受了处分。这就有了陈廷敬的教子诗《示壮履》及《咏梅图诗》等。在《咏梅图诗》中，他这样叮嘱壮履，"铁干早经霜雪过，冰心应有化工知。"

晚年的陈廷敬更多了一份对家庭的关爱，他这样做不是为了体现父亲的权威，而是他明白伴君如伴虎的道理，做臣子的不论是出现过错，还是贪污受贿，或者碌碌无为，都会成为皇帝翻脸的理由。他已经年迈，如果陈壮履稍有不慎，陈氏一族的命运顷刻就会改变。所以他要对自己的儿子耳提面命，保驾护航。

陈廷敬另一个儿子陈豫朋也在官场，同样也得到他的关怀和教导。他对陈豫朋说："关陇迢迢六七年，归来相对转凄然。白家已卖西街宅，季子曾无附郭田。自古荣枯双寂寞，残生去住两缠绵。敝裘羸马霜天路，赖汝清名到处传。"陈廷敬知道自己的儿子能力都不差，最担心他们禁受不住诱惑，贪污受贿，坏了大好前程。

这是陈廷敬一生的智慧体现，这么多年来，因为贪污受贿栽倒的官员不计其数，被砍头的也很多，可还是挡不住人性贪婪的欲望。他一再叮嘱陈豫朋和陈壮履并提醒他们，勿忘悬在头上的利剑。

为了奖赐陈廷敬的功绩，康熙特别为其家乡写了"午亭山村"四个大字和"春归乔木浓荫茂，秋到黄花晚节香"的楹联。据陈廷敬自己所记，康熙写好这副楹联后曾这样说："朕特书匾联赐卿，自此不与人写字矣。"陈廷敬因此深感这是"圣笔如山""主圣怜臣"。

后来，陈家专门在中道庄城门前御书楼，将御书"午亭山村"和楹联镌刻其中。

康熙的所有赏赐，说明了陈廷敬在康熙心目中的地位，也充分反映了他们之间的密切关系。

朝堂一梦

康熙五十一年（1711 年）二月二十七日，劳累过度的陈廷敬不幸病倒了。

当天，康熙在畅春园听政，环顾了一圈，没看到陈廷敬，便问中堂温达："陈大学士为何不见？"

温达回答："陈廷敬偶患二便秘结，不曾来，具有折子。今伊子陈壮履在外启奏。"

康熙便宣陈壮履前来，详细问了陈廷敬的病情，安慰他说："二便不通，服药难效，坐水坐汤，立刻可愈。"然后把坐水坐汤的"老专家配方"告诉陈壮履。

陈壮履连忙用笔记下来，说回去照方尝试，给父亲调治。

康熙觉得不足以表达关怀，又传旨诏来太医院右院判刘声芳随同陈壮履前往诊视。

三月上旬，带病坚持工作的陈廷敬撰成《皇清文颖》，他还特意向康熙上了进呈表以示自己身体不要紧，请皇上不要挂念他。实际上，陈廷敬的病情已经很严重了。

四月十二日，康熙令膳房官赍糟鹿尾，糟野鸡各一盒，关东蜜饯、红果二瓶送到陈廷敬府邸，并传旨："不必烦动老大人，交与伊子陈壮履。"并问："病体若何？"

四月十三日，康熙又派人送去瀛台红稻米一袋让他调养身体。

当天，御医刘声芳汇报了陈廷敬的病情："陈大学士左腮红肿，中气甚虚。"听完康熙的指示之后，刘声芳带着外科御医二人前往陈府诊视。

当日所有政事完毕后，康熙一直未休息，他在等刘声芳回话。可是派去给陈廷敬诊视的太医因陈廷敬病情重，道路较远一时不能返回，直到"漏下三鼓"，康熙依然"秉烛等待"消息。

当刘声芳和外科御医煎好药后，已是夜禁时间，康熙下令内务府通知兵部，打开城门，让御医尽快把药送往陈廷敬府邸，沿途如果有拦阻的，把名字全记下来回来一并处理。

陈廷敬的病情很重，刘声芳用尽办法，才算稍稍缓解他的痛苦。此后太医们奉命朝夕侯视，秘药珍膳敞开供应。然而，陈廷敬的病情却不见好转。

到了四月十四日，陈廷敬进入病危状态。康熙对前来汇报病情的陈壮履说："汝父病体要紧，汝不必亲身启奏，每日但具折子，令家人交于南书房转奏可也。"

陈壮履每天都把父亲的情况报告给康熙，康熙看了折子之后心痛不已。

四月十九日，康熙派近臣到陈廷敬府邸传旨："朕日望大学士病体速愈，再佐朕料理机务几年。若事出意外，大臣中学问人品如大学士，可代理内廷事务者为谁？"

陈廷敬伏在枕头上感动的落泪了，按照臣子的礼仪一一奏对。可是，大家都清楚，陈廷敬恐怕度不过这个难关了。

康熙对陈壮履传谕："倘老大人身后，汝家中有何难处事否？朕自与汝作主，不必忧惧。"一个皇帝能对臣子关怀备至到这个程度，让陈壮履感激涕零。

四月十九日夜戌时，多年的劳累让陈廷敬病逝于北京宅邸，终年七十五岁。

康熙忍不住伤心，他还要为陈廷敬的后事做安排，包括棺木，他派人问陈壮履："山西有楸板否？楸板用否？"当知道陈壮履在各处求购楸板时，便下令畅春园总管头等精奇尼哈番（满语总兵官）赉赐姿楸板一具。

陈壮履替父上了最后一个折子，说："……臣父身故。伏念臣父服官五十余年，备员政府，供职内廷，蒙皇上知遇之恩，至深至久。自卧病以至易箦，复荷圣心轸念，日遣御医诊视，时命近臣慰存，上药特

颁，珍味叠赐，优渥隆施，亘古未有。"

因为康熙的这些表现，完全超出了一般的君臣关系，对待自己的亲人也不过如此，所以说这种情况"亘古未有"是有一定道理的。

陈廷敬去世后，康熙久久不能压抑自己的感情，他非常伤心，"感叹弗置"。此时的康熙也是一位六十岁的老人了，他的感情也很脆弱。

四月二十日，在陈廷敬祭奠仪式上，康熙特召皇三子诚亲王胤祉率侍卫、内大臣吊唁，九卿皆会。皇三子及诸大臣在陈廷敬的灵前吊奠，呈上御赐茶酒二器，举哀致奠，行三叩礼，并宣读御制祭文。

四月二十三日，康熙又遣乾清门一等侍卫伍格、南书房翰林励廷仪、张廷玉斋赐，并给治丧银一千两。

为了表达对陈廷敬的"缅怀劳绩，日笃不忘"，他不仅亲笔撰写了祭文，还为其写下挽诗，挽诗如下：

> 世传诗赋重，名在独遗荣。
>
> 去岁伤元辅，连年痛大羹。
>
> 朝恩蔡衰励，国典玉衡平。
>
> 儒雅空阶叹，长嗟光润生。

康熙在伤感，"去岁伤元辅，连年痛大羹"，指的是去年张玉书大学士去世了，今年又走了陈廷敬大学士，两年失去两个得力宰辅，这对他的打击特别大。尤其是陈廷敬，这么多年来一直追随着他，朝夕相处数十年，亦师亦友，感情深厚，自然伤心不已。

这还不算，到了五月十三日，康熙下令对陈廷敬加祭一次。

这一次完全是以皇帝的名义再行祭奠的，并当众宣读了康熙亲笔书写的祭文。这个待遇，古往今来，也许只有陈廷敬一人。

五月二十六日，康熙又加祭陈廷敬一次，并谥号"文贞"。

八月二十四日，陈廷敬灵柩自京城启程回其原籍入土为安。途中，康熙特意派了一位私人代表"沈一揆护丧归里"，代替他陪伴陈廷敬回乡，并一起操持后事。

春生万物

为了表示对陈廷敬的敬意，康熙特加封了陈氏家族祖先。原则上，清朝的封赠制度本身就包括封赠官吏的上辈和妻子，七品至四品官封赠父母和妻子，三品、二品追赠包括祖父母，一品官要追赠太祖父母。

因为陈廷敬从检讨累官至文渊阁大学士，随着他官品的升高，他曾祖父母、祖父母、父母和妻子也都受到相应的封赠。其曾祖父陈三乐"初赠光禄大夫、刑部尚书，累赠光禄大夫、吏部尚书，文渊阁大学士"。其祖父陈经济"初赠文林郎、浙江道御史，累赠一品太夫人"。其父亲陈昌期，最初"封翰林院庶吉士、征仕郎"，随着陈廷敬官品的加高，又"累封文林郎、奉政大夫、弘文院侍读学士、通议大夫、资政大夫、经筵讲官、都察院左都御史、资政大夫、吏部尚书"。虽然这样的封赠大都是逢国家盛事或朝廷喜庆时进行的，但对陈廷敬父母的赠封中，有的则是由于康熙帝本人对陈廷敬的敬重而"推恩"封赠的。这一制度，虽然对被封赠者来说，并没有什么实际的利益，但朝廷封赠的目的是为了"逐臣子显杨之愿"，即被奉赠者可借此显示本人、先祖及妻室的荣耀。封赠的荣耀也是清朝对官吏的一种待遇。

康熙对陈廷敬的关怀都是真心实意的，没有丝毫作秀的样子。这不仅仅是因为陈廷敬忠于康熙和对朝廷有功，更是因为两人之间长达数十年的深厚感情和真实友谊。历数康熙身边的近臣，能善始善终的唯有陈廷敬一人，其他人都半途落马。康熙所看重的正是陈廷敬的学识丰厚与立身唯谨，他不像高士奇那样锋芒毕露，也不像徐乾学那样专横跋扈，诗歌才气或许稍逊于王士禛，"而工力深厚似过之"；他又遵臣子本分，小心翼翼，不敢越雷池半步。与这样的大臣朝夕相处，在康熙心目中属于理想的境界。感恩戴德的陈廷敬尽心尽力、忘怀自我地辅佐康熙也就不足为奇了。

康熙对陈廷敬的感情，不论其生前还是死后，都一直很好。康熙认为陈廷敬的品德"器资厚重，品诣纯深"，这个评语很到位。陈廷敬一生具有高尚的道德操守、清廉的官风以及对贪腐分子惩办的雷霆手段，还留下丰富的文化遗产。对于陈廷敬的学问，康熙多次说他"经史

淹通""深通儒术"，特别是对陈廷敬的诗作极为欣赏，称赞他的诗"清雅醇厚"，甚至认为可与李白、杜甫相媲美；对于陈廷敬的忠心，康熙也多次赞扬，说他"盖在仕籍者余五十年，而秉忠贞者恒如一日"。更为突出的是，康熙竟称陈廷敬是"老大人""是极齐全底人"。这些褒奖真是前无古人后无来者了。康熙对陈廷敬死后的安排以及对其非常高的评价，足以证明他对康熙和大清朝做出的贡献很大。

陈廷敬的离去不仅让清朝失去一位卓越的政治家，还让康熙失去了一位良师益友和得力的宰辅，也是当时的文学界和思想界失去一位大师。

张玉书生前曾这样评价陈廷敬："……自通籍五十年以来，白首一节，终始无间。上之所以眷倚公者，久而益深。而公之所以勤劳事上者，亦久而未艾。君臣相得，昔人谓之千载一时，夫岂易事欤！"

上述这些话讲得很辩证，很客观。意思是说，陈廷敬遇到康熙这样的明君，才会取得这么多的成就，二人是"君臣相得"，而这种"君臣相得"的密切关系，又是千载难逢的。这既表达了对陈廷敬的赞美，又歌颂了康熙的伯乐之举。

客观地看待康熙和陈廷敬相互影响的程度，显然是陈廷敬对康熙影响更大一些。在陈廷敬的辅佐下，尤其是他在张汧贪腐案后的二次复出，更是康熙成就盛世最不可缺少的得力干将。陈廷敬将康熙的意图贯彻执行的很到位，又加有他个人的发挥，尤其是他对大清官员实施的劝廉行动，反腐行动，影响和震撼都极其深远。他不仅保证了大清社会的稳定，也为康乾盛世做出了不可替代的作用。

迷离世界

陈廷敬去世后，康熙的视听也不再那么清明，头脑也似乎不那么灵光。在国家大事上，他经常犯一些低级错误，而在这个时候，已经没有哪位臣子能够劝谏这位自诩为"千古一帝"的明君了。康熙开始变得日益孤独，理性逐渐削弱，更多受情绪支配，立储问题都没有处理好，使朝局和社会陷入混乱。他在"康熙"这一年号下，统治清朝已经五十多年，并成为十七世纪的伟大人物。同时康熙又是一位卓越的军事家，一位精细的管理者，一位渊博的学者。他统治的大清帝国是世界上最强大、最富庶的国家，就连那些自命不凡的欧洲来访者都不得不承认这一点。

康熙五十一年（1712年）九月，康熙巡视塞外归来，毫不客气地再次下诏废掉太子胤礽。在畅春园里，几位朝廷重臣和管事的太监跪在地上，双手被捆在背后，胤礽站在前列。康熙从龙辇上下来，便公布皇太子的罪责："皇太子胤礽自复立以来，狂疾未除，大失人心，祖宗弘业断不可托付此人。"

长期的姑息养奸，使得高高在上的胤礽养成了不可一世、蛮横无理的性格，之前的君子气度已荡然无存，变得乖戾暴躁，并已树敌无数。康熙更是训斥他"不法祖德，不遵朕训"。从此，永远废除了胤礽的太子储位，将他幽禁起来。

康熙第二次废黜太子时，已经是毫不介意胤礽的生死了，在回到畅春园的余暇间，谈笑间就将自己培养了三十八年的儿子，永远地圈入了高墙之内。从此胤礽一直被圈禁到死，再也没有得到康熙的原谅。胤礽再度被废之后，形成了以胤禛为首的四爷党和以胤禩为首的八爷党两大势力。两党为了争夺太子之位，相互交恶。

康熙对此不作声，冷眼旁观，心里权衡着哪一个皇子可以接他的班。以马齐为首的众多大学士几乎一边倒地支持八阿哥胤禩，李光地虽然懂得康熙的心思但是孤掌难鸣。康熙愈加想念陈廷敬，如果陈廷敬此时还活着，以他的智慧和眼光，一定会给自己推荐一位最适合的皇子。可惜，这一切只能空想了。

此时，康熙已年近六十，他逐渐地眼花耳背，和老臣李光地商量立储之类的重大事情时，两位老人的交流都是采用笔谈的方式，把话写在纸上，怕声音大了被八阿哥胤禩一党的太监们听到。而每张纸写完的时候都会被撕碎或者烧掉，处理干净。后来，康熙的右手突然变得不听使唤，但他怕内侍擅权，更害怕胤禩一党的乘虚而入，拼力用左手批折子。

康熙的思想渐趋保守，他逐渐失去了蓬勃的朝气。康熙曾对大臣们

说："今天下太平无事，以不生事为贵。兴一利，即生一弊。古人说多一事不如少一事，即此意也。"如果这句话让陈廷敬听到，他一定会力劝康熙"厘剔夙弊"，绝不可以推诿误事。

到了康熙五十六年（1717年），康熙进一步说："做君主的准则，就是要安静不生事，不要标新立异以为能出奇绩，也不要夸夸其谈，博取虚名。"由此可见，康熙在晚年受了功成名就意识的左右，开始自满于以往的业绩，变得安于现状、庸俗倦怠，凡事不求有功，但求无过了。他开始逃避现实，反对改革，对社会现状睁一只眼闭一只眼，心里清楚，表面上装作什么也看不见。但弊端和矛盾是客观存在的，大清帝国实际上已陷入了权力争斗的严重困境，封建政治固有的积弊显现出来，社会矛盾渐显。

由于康熙放松了对官吏的纪律约束，各种严酷的剥削便开始了，各种形式的贪污受贿出现了，农民与统治阶段的矛盾也随之产生了。这些现象严重地影响了国家财政的收支平衡，情况最严重时连兴修水利工程户部都没有银子调拨。

康熙的大臣们也都上了年纪，议政的时候，康熙自己说自己的，大臣们则昏昏欲睡。缺少了陈廷敬这位反腐名臣，官风有点涣散，官吏贪污现象增多，吏制败坏。

有御史参劾户部堂官希福纳等侵贪户部内仓银六十四万余两，牵连的官吏多达一百多人。如果在陈廷敬时期，这样的贪官非杀不可，可是康熙担心影响大局，他说"朕反复思之，终夜不寐，若将伊等审问，获罪之人甚多矣"。最后，他只把希福纳革职，其余官吏则勒限赔款。

由此可见，康熙王朝晚期，各种社会矛盾纷至沓来，亟待解决。

无尽岁月

陈廷敬去世了，隐没在历史长河中，他的痕迹似乎只留下一座雄伟壮观的皇城相府。在这个处处散发着"官文化"气息的府第中，更渗透和体现着一种人文精神。

纵观陈廷敬一生，自其二十一岁考中顺治十五年（1658年）三甲第一百九十五名进士以后，就一帆风顺。三甲进士且名次靠后，居然可选入翰林院庶常馆，三年后散馆前充会试同考官，散馆后授秘书院检讨，具有了"储相"的资本，这在科举时代确属异数。康熙八年（1669年）以后，陈廷敬历任国子监司业、侍讲学士、日讲起居注官、侍读学士、内阁学士、经筵讲官、翰林院掌院学士，入值南书房，迁礼部右侍郎，调吏部右侍郎，擢左都御史，又历工部、户部、吏部、刑部尚书，堪称青云直上。这与陈廷敬平时居官廉洁的品性、黾勉国事的忠诚、勤奋修书的业绩也不无关系。

陈廷敬不仅是清朝初期著名的文学家、文字学家、政治家，还是著名的史学家和理学家，而且还是一位杰出的诗人。在康熙王朝为官期间，他官运亨通，平步青云。曾经二十八次升职，声名显赫，煊赫一时。因功绩卓著，官至一品，皇城相府大牌坊两侧分别刻有"一门衍泽"和"五世承恩"八个大字的御赐匾额。辅助康熙的功德可与唐朝名相房玄龄、姚崇争辉相映，所作诗词歌赋可与李白、杜甫并驾齐驱。他既是一个开明的"丞相"，又是一个儒雅的文学巨匠。

陈廷敬一生都在倡导廉政。他向康熙奏呈《劝廉贵先以俭祛弊务绝其源》的奏章，被康熙推崇并加以"诏令"全国。他不仅为清朝的朝廷倡导廉俭之风，而且他本人不论在御史、尚书之位，还是大学士之职，都能身体力行，严惩腐败，在臣僚中起到旗帜作用。每逢办事先考虑社稷安危和朝廷利益。凡无益于国家和百姓之事，他坚决不沾，并加以遏制。

此外，陈廷敬一生举贤荐能。他深深懂得国之兴衰，在一定程度上取决于人才的使用。为此，他只要发现有才干的人，就大胆地向朝廷举荐；只要才德兼备，经过多方详细考察，确实人品端正、廉洁奉公之人，一律提拔重用。陈廷敬为官一生，不徇私情。尽管受无辜牵连，但终于水落石出，真相大白，更彰显他肝胆相照，德高望重。

陈廷敬去世后，他的子孙后代也没有止步不前，而是更加积极入世。这个文化巨族，出现的贡生和举人近百人，先后有九人中进士，六

人入翰林，享有"德积一门九进士，恩荣三世六词林"之美誉。难能可贵的是，他的后人都恪守祖训，无一贪劣，而且绝大多数做官政绩显著，深得朝廷的好评和地方百姓的爱戴，甚至被列入"生祠"。

陈氏家族有三十八人走上仕途，足迹遍及十四个省，且多政绩显赫，百姓称颂。在陈氏家族鼎盛期的康熙年间，居官者达十六人之多，出现了"父翰林、子翰林、父子翰林；兄翰林、弟翰林、兄弟翰林"，陈廷敬父子同编《康熙字典》的盛况，堪称北方第一文化巨族。

作为封建时代的一介书生，陈廷敬风云际会，侍奉康熙有始有终，无论其"相业"，还是组织编纂史书、地志、类书、字典，都取得了令后人瞩目的业绩，儒家所津津乐道的治国平天下理想也不过如此。至于对他的历史地位评价，众多学者早已有了邻下无讥的回应。

陈廷敬作为康熙最为信任的股肱之臣，无论是生前的恩遇，还是死后的哀荣，都达到了人臣的极致。这也从另一个方面说明了陈廷敬几乎就是康熙的精神力量，是康熙决策集团不可或缺的一员，康熙的军功章应该有陈廷敬的一半。

如果没有陈廷敬对大清吏制、法制、金融、民生、农业、财政等方面的改进，没有他数十年如一日坚持的反对贪污受贿的行动，康熙的一生和他的执政功绩也许不会那么精彩！